Michael Horowitz
H. C. ARTMANN

Michael Horowitz

H. C. ARTMANN

Bohemien
und
Bürgerschreck

ueberreuter

Wir möchten uns beim Otto Müller Verlag und beim Residenz Verlag für die Abdruckgenehmigung folgender Textauszüge bedanken:
H. C. Artmann, Erdäpfelgulasch, in: H. C. A., Gesammelte Prosa Bd. 3, hg. v. Klaus Reichert, © Residenz Verlag, Salzburg, Wien 1997
H. C. Artmann, Nachrichten aus Nord und Süd, in: H. C. A., Gesammelte Prosa Bd. 3, hg. v. Klaus Reichert, © Residenz Verlag, Salzburg, Wien 1997
H. C. Artmann, »drei gedichta fia d moni« und »mei freind schdeffan bral« aus: Med ana schwoazzn dintn, © Otto Müller Verlag, Salzburg, 11. Auflage 2001

Gefördert von der Stadt Wien Kultur
Stadt Wien

1. Auflage 2021

ISBN 978-3-8000-7766-3

Covergestaltung: Saskia Beck, s-stern.com
Satz: Hannes Strobl, Satz·Grafik·Design, Neunkirchen
Druck und Bindung: CPI Moravia Books, s.r.o, Pohořelice

www.ueberreuter.at
#ueberreuter_wien
@ueberreuter_wien

Dieses Buch ist eine erweiterte, redigierte Neufassung zum 100. Geburtstag von H. C. Artmann am 12. Juni 2021. Die vergriffene Erstausgabe mit dem Titel „Annäherung an den Schriftsteller und Sprachspieler" erschien vor 20 Jahren in diesem Verlag.

Die Neuauflage dieses Buches will den Dichter und Menschen näherbringen, aber auch die wilden Zeiten, die sein Leben prägten. In Berlin, Graz und Salzburg, aber vor allem in Wien. Mit seinen Freunden Friedrich Achleitner, Konrad Bayer, Gerhard Rühm und Oswald Wiener. Mit Heimito von Doderer und Helmut Qualtinger, Wolfgang Bauer, Peter Rosei und Peter Turrini.

Ich danke Rosa Artmann für das Gespräch über H. C., das wir im Dezember 2020 führten.

Inhalt

WER SIND WIR?

Rosa Artmann im Gespräch mit Michael Horowitz, 15. Dezember 2020

Michael Horowitz: H. C. beschreibt seine literarische Figur John Hamilton Bancroft als einen „gut aussehenden Gentleman, unabhängig und wagemutig", sah er sich auch so?

Rosa Artmann: Auch, aber nicht nur, je nach Stimmung ... das hing von der Lebensphase ab, in der er sich befand. Jedenfalls war es ein Bild, das ihm gefallen hat.

Was war die wagemutigste Zeit in seinem Leben?

Er war Deserteur im Krieg. Das unerklärliche Phänomen, wer überleben darf und wer nicht, war ihm immer bewusst – da hat er wahrscheinlich auch mit weißer Magie begonnen. Und sich gefragt, warum gerade er auserwählt war, zu überleben.

Wie schafft man jahrzehntelang den Alltag mit so einem Mann – auch bei Dichtern gibt es ja einen Alltag ...

Alltag mit einem Dichter ist Alltag mit einem Menschen.

H. C. war ein Dichter, für den „die Sprache eine erogene Zone ist", ein leidenschaftlicher Mensch ... wie würdest du ihn beschreiben?

Wie ortet man einen Dichter? Er stellte sich die Frage „Wer sind wir?" Erst über Sprache existiert die Welt für den, der sie benützt, und wie er sie verwendet. Er war sprachbesessen, wie ich es auch bin. Doch weil Sprache vielfältig ist und viele Ebenen hat, gibt es verschiedene Sprachbesessenheiten. Das war eine gegenseitige Herausforderung und Begrenzung.

Hat H. C. dich zum Schreiben gebracht?

Ich weiß es nicht. Vielleicht hat er meine Sehnsucht für mich gelebt, bevor ich zu schreiben begonnen habe. Ob das ein Erklärungsmuster ist, weiß ich ebenso nicht.

Es gab so manche „Muse" während seiner Wanderjahre im Ausland, du warst sein Anker. Kann man das so sagen?
Muse? Anker? Diese Begriffe verwende ich nicht. Wir haben die Ehe auf unsere Weise gelebt. Unsere Verbindung war unverbrüchlich, ein seelisches und herzgemäßes Erkennen. Zwei Schicksale, die wir mit unserer geliebten Tochter Emily gelebt haben.

H. C. Artmann hat 1974 den Großen Österreichischen Staatspreis, 1997 den Büchner-Preis bekommen und ist in Salzburg zum 70. Geburtstag zum Ehrendoktor ernannt worden. Sind die Auszeichnungen zu spät gekommen?
Besser spät als nie.

Wie habt ihr euch kennengelernt, was war dein erster Eindruck von H. C.?
Ich habe ihn das erste Mal im Gasthaus „Lückl" in der Leonhardstraße in Graz gesehen. Das war 1972. Ich habe ihn als H. C. Artmann erkannt, weil wir im Gymnasium „med ana schwoazzn dintn" gelesen hatten. Das war die erste Begegnung.

Hat er auf dich anziehend gewirkt?
Anziehend fand ich ihn, als ich ihm Monate später im „Walfisch" am Berliner Savignyplatz begegnet bin. Ich habe damals in Berlin gelebt und Gerald Bisinger gekannt, der an jenem Abend H. C. treffen wollte und mich gefragt hatte, ob ich mitkommen will.

Wenn man heute Menschen fragt, womit H. C. Artmann berühmt wurde, werden die meisten sagen: „med ana schwoazzn dintn".
Damit ist er in Wien berühmt geworden. Dass die „dintn" so ein-

geschlagen hat, lag daran, dass Dialekt nach dem Krieg verpönt war … Dialekt steht ja soziologisch eigentlich immer für Armut. Dialekt hat nur der sogenannte niedere Stand gesprochen, für das Bürgertum und die Aristokratie war er meistens tabu. Er selbst ist ja auch nach dem Krieg äußerst arm gewesen. Die „dintn" war ein Experiment, wie man Dialekt literarisieren kann, in einer Form, dass sich das sogenannte Volk darin emotional erkennt. Wien eignet sich mit seiner barocken Tradition, seiner Melancholie und seiner Todessehnsucht dafür. Das Wienerische hat Metaphern, die man in die sogenannte Hochsprache nicht annähernd übersetzen kann. Und das Volk lebt Literatur in seinen Metaphern. Das Volk. Die Menschen. Gespräche ergeben immer wieder neue literarische Formen, die dann ein Berufener auch in ein Gedicht transformieren kann.

Wurde er nicht auch oft missverstanden oder falsch interpretiert?
Ja. Er hat gesagt: „Ich bin immer nur das Gefäß." Und dieses „Ich" war für ihn alles andere als narzisstisch oder für seine Person als Funktion in der Gesellschaft gedacht. Überhaupt nicht. Oft wurde er missverstanden. In jeder Gesellschaft wird Bescheidenheit, vor allem bei Hab und Gut, missinterpretiert. In verschiedensten Rollen hat er Spiegelbilder der Gesellschaft vorgelebt, die aufzeigen sollten, welche Funktionen wir in der Gesellschaft einnehmen. Das war sein gelebtes politisches Manifest. Er war ein Menschenliebender und hat versucht, Hierarchien nicht nur zu unterwandern, sondern sie auch aufzuzeigen. Auch in seiner Literatur – eine Interpretation von mir …

… aber mit der wäre er einverstanden, nehme ich an …
Ich glaube, dass ihm meine Interpretation entsprochen hat – zwar nicht hundertprozentig, doch bin ich mir sicher, dass er sich in seinen Intentionen von mir verstanden erlebt hat.

Er ist vor 20 Jahren gestorben, wie hat sich der Stellenwert seines Werkes aus heutiger Sicht verschoben, verändert?

Literatur hat momentan einen geringeren Stellenwert, Werte verändern sich immer. Die Welt von heute ist durchfunktionalisierter denn je. Seine Anschauung war: Ich bin Geist und habe einen Körper.

Er war ein Verwandlungskünstler, der ein Leben lang versuchte, seine Biografie zu verschleiern – hat er sich hinter den Masken und Synonymen von der Außenwelt abschirmen wollen?

Nein. Er hat zeigen wollen, welche Masken wir tragen – sobald wir in Gesellschaft öffentlich werden. Das hat er vorgezeigt. Ich glaube, das ist ein großes Missverständnis, er wäre immer in Maske gewesen und sich nie gezeigt hat. Im Gegenteil, ich sage, er hat es gewagt, seine Fehlerhaftigkeit zu zeigen. Er hat kein Bild des Perfekten vorgespielt. Wann ist etwas Maskerade?

Wie würde er heute leben?

Still, über das Alter verändert. Und wäre wahrscheinlich betrübt, was heutzutage vermeintlich Freude macht und das Lebendige zu ersticken droht.

Wie würde er seinen 100. Geburtstag feiern?

Wie immer. Man sitzt, spricht und trinkt. Er wäre froh und traurig zugleich, weil er das Leben sehr schätzte, auch wenn er immer wieder betont hat, wie schwer es ist, zu altern. Über seine Krankheit hat er wenig gesprochen, seine Gebrechlichkeit war für ihn kein Thema. Würdevoll elegant hat er sie angenommen.

Was sind deine schönsten Erinnerungen an ihn?

Kann und will ich nicht sagen. Das Schöne liegt ja im Alltag. Meine schönste Erinnerung an ihn? Er fehlt, und nicht nur mir.

Oft war er schlaflos, hatte immer wieder Albträume von Krieg, Flucht und Überleben … Wie sehr hat das seine Arbeit beeinflusst?

Ja, er hat sehr wenig darüber gesprochen. Er hat die Menschen mit seiner Melancholie äußerst wenig belastet. Es ist in der Literatur auch nicht psychologisch bearbeitet worden, sondern eher archetypisch im kollektiven Unbewussten. Für ihn war das Wichtigste – und sein einziges explizit geschriebenes politisches Manifest: „Nie wieder Krieg!" Er wäre entsetzt, wie viele Kriege es heute immer noch gibt. Krieg ist das Unzivilisierteste überhaupt. „Warum lesen die Menschen nicht mehr, sondern erschießen andere?"

Er hat einmal gesagt, er habe pro Zeile eine Zigarette geraucht … immerhin ist er 79 Jahre alt geworden. War es leicht für ihn, sich vom Leben zu verabschieden?

Das weiß ich nicht, das sind immer Prozesse. Ich habe seinen nahenden Tod verdrängt und wollte ihn nicht wahrhaben, ich glaube, er hat sein Ende erspürt, aber ich weiß nicht, wie schwer er das Leben verlassen hat. Das ist seine Erlebniswelt, die kann man mit niemandem teilen. Ich war allein mit ihm, als er in die andere Dimension getreten ist. Es war tiefernst und es entstand eine andere Form der Schönheit. Das Ende kann auch eine Form der Schönheit entwickeln. Wie Adolf Muschg einmal erklärt hat: „Das Großartige in der Literatur ist, wenn man zum Beispiel Dostojewski liest, dass selbst in der schlimmsten Thematik eine Schönheit darin liegt, dies zu lesen."

VIRTUOSER SCHRIFTSTELLER UND FANTASIEVOLLER SPRACHSPIELER

ohne ende seine stolze feuerkunst möge verzaubern

Friederike Mayröcker

H. C. Artmann. Die Sprache ist für den „empfindsamen Lauscher an Nachtigallenschnäbeln" eine erogene Zone. Wörter seien eine „magnetische masse, die gegenseitig nach regeln anziehend wirkt; sie sind gleichsam ‚sexuell', sie zeugen miteinander, sie treiben unzucht miteinander".

Über den Dialekt bringt der Dichter die Menschen zur Poesie. Der Bonvivant und Bürgerschreck aus Breitensee ist ein liebenswerter Rebell. Ein virtuoser Sprachspieler. Ein literarischer Globetrotter. Ein Mensch mit der Neugier eines Kindes. Angetrieben von zügellosem Wissensdrang und grenzenloser Fantasie lässt er die Realität oft hinter sich.

Im Sommer 1921 kommt Hans Carl im 14. *Hieb* zur Welt. Seine Mutter Marie kocht wunderbar. Vor allem das „einzig original spezial-erdäpfelgulasch der familie artmann". Danach türmt sich ein „matterhorn aus häferln und tellern auf dem kuchltisch presto-omo-sil-glänzend".

Der später als H. C. Artmann gefeierte schillernde Schriftsteller wächst in einem winzigen Kabinett mit Fenster auf die Gasse auf. Zwischen Breitenseer Bassena, tristem Alltag und der Poesie der Wiener Vorstadt. Sein Vater ist Schuster. Er stellt sogar Schischuhe her, wie der Sohn stolz meint, dennoch hätte er ihn gerne als Seemann erlebt. Voller Sehnsucht beschreibt Artmann später die Abenteuer in fiktiven, weit entfernten Kontinenten.

Volksschule. Hauptschule B-Zug. Bereits als Vierzehnjähriger beginnt er mit außergewöhnlichem Sprachgefühl wie besessen zu lesen, erlernt durch Selbststudium viele Sprachen. Nach der

Schule arbeitet Hans Carl als Lehrling in einer „Chinasilber-Erzeugung“ in Wien-Neubau. Der Chef, der Herr Freisinger, ist nie da, der Lehrbub kann den ganzen Tag lesen. Nur jeden Abend muss er die Post und die Buchhaltung ins Café Tuchlauben bringen, dort tarockiert der Herr des Silbers.

Zweiter Weltkrieg. Oberschenkel-Durchschuss an der Ostfront. 52-prozentige Invalidität. Neun Monate ist Artmann im Lazarett, danach zweieinhalb Jahre in einer Strafkolonie. In Sibirien, Finnland, zum Schluss in Frankreich. Seine permanenten Fluchtversuche werden vereitelt. Schließlich gelingt die Desertation. Er lernt im Krieg mit der Gefahr zu leben. Noch viele Jahre danach hilft das 10er-Valium nicht mehr. Er träumt immer das Gleiche. Von Krieg, Flucht und Überleben.

Am 14. April 1945 verfasst der 24-Jährige sein erstes Gedicht, eine Liebesballade „nach chinesischem und japanischem Vorbild“: „Unter Blütenbäumen“, geschrieben in Hollabrunn. Der 24-Jährige widmet es der Tochter eines Müllers, einer *Unschuld vom Lande.* Jahrzehnte nach dem ersten literarischen Versuch schwärmt der Literaturkritiker Jörg Drews von der Sinnlichkeit seiner Sprache: „Artmanns Dichtung ruft höchste Lust am Text hervor: Die Erotik überträgt sich gewissermaßen.“

Nach 1945 verdient Artmann in Wien während der Besatzungszeit als Postbote ein paar Schilling pro Woche. Abends schreibt er auf einer Maschine, die ihm seine Mutter gekauft hat, Gedichte. Und schickt sie an Radio Wien. Drei davon werden 1947 gesendet. Das Funkhaus der RAVAG liegt in der russischen Zone. Man will mit Schulfunk- und Wissenschaftssendungen vor allem Bildung vermitteln. Ein Auszug aus dem Programm: „Ein Bild fliegt durch den Äther – das Wunder des radioelektrischen Fernsehens“, „Wie das Radium nach Wien zurückkam“, „Mit Atomkraft zum Mond“, „Schildkrötenfang im Atlantik“ oder „Leo Slezak, der Künstler und Lebenskünstler“.

Das autodidaktische Sprachstudium des Kriegsheimkehrers reicht aus, um als Dolmetscher bei der amerikanischen Militärpolizei zu arbeiten. Später übersetzt er aus dem Englischen Nonsens-Verse von Edward Lear und den viktorianischen Kinderroman „Junge Gäste" des neunjährigen Mädchens Daisy Ashford, aus dem Irischen religiöse Dichtungen der Kelten, aus dem Schwedischen die „Lappländische Reise" des Naturforschers Carl von Linné. Er überträgt Quevedos „Lebensgeschichte des Buscón" des frühen 17. Jahrhunderts aus dem Spanischen und das Testament seines französischen Idols François Villon ins Wienerische – von Artmanns Freund Helmut Qualtinger später zu Jazzbegleitung auf einer Schallplatte konserviert.

H. C. Artmann versucht sich im chaotischen Wien der Nachkriegszeit auch als *Edel-Statist* am Burgtheater. Er darf Faust und Mephisto – von Ewald Balser und Albin Skoda verkörpert – Stichworte geben. Später lockt auch der Film: Eine kurze Szene im Kinoklassiker „Der Dritte Mann" über den skrupellosen Schwarzhändler Harry Lime. Der Satz: „Was halten Sie von Joyce?" wird vom ambitionierten Kleindarsteller zu dialektgefärbt gesprochen – und rausgeschnitten. In dieser Lebensphase gibt es jede Nacht exzessive „Kaffeehaus-, Keller- und Kneipenexerzitien".

1951 wird der Art Club als Treffpunkt der künstlerischen Avantgarde, der Bohemiens von Wien, gegründet: Savoir-vivre im Souterrain. Man „lebt auf kleinstem Raum bestens aneinander vorbei". Gerne tritt auch ein schlanker, soignierter Herr nachts hier auf. Was er tagsüber macht, weiß niemand. Irgendwann sickert durch, der Mann sei Dichter.

1953 verkündet dieser die „acht-punkte-proklamation des poetischen actes". Als Protest gegen das „konventionelle, anonyme, normative" initiiert H. C. Artmann eine „poetische demonstration". Die Teilnehmer mit weißgeschminkten Gesichtern deklamieren, begleitet von Lampionträgern, Texte von Baudelaire, Poe und Trakl. Und verursachen ein Verkehrschaos in der Wiener Innenstadt.

Um den fantasievollen Sprachspieler hat sich schon ein Jahr zuvor die „Wiener Gruppe“ formiert, ein Kreis experimenteller Schriftsteller wie Konrad Bayer, Gerhard Rühm, Friedrich Achleitner und Oswald Wiener. Aus verschiedensten künstlerischen Sphären stammend, sind sie sich in der Zersplitterung und Neuordnung der literarischen Form einig, wollen Kunst und Leben verbinden. Mithilfe von radikalen Aktionen, *Lautpoesie* und *visueller Lyrik*.

In Artmann-Texten aus der Zeit der „Wiener Gruppe“ findet man 1956 erlesene Anmerkungen wie „ein erzherzog darf kein hühnerauge haben“, „ein lotterleben mit derwischen und baupolieren verbieten“ oder „einen sicheren posten aufgeben, um einer innsbruckerin aus dem hemd zu helfen“.

Zwei Jahre danach erscheinen die Dialektgedichte „med ana schwoazzn dintn“. Poesie pur. Artmanns erster Erfolg. Der Band mit den Balladen aus der Vorstadt wird zur literarischen Sensation Wiens, H. C. zum populären Volksdichter. Man spricht in der Tramway über ihn. Und kulturaffine Bürger laden ihn zu sich nach Hause ein. Obwohl seine Sprache ja aus der Gosse stammt …

Der *dichta aus bradnsee* erhält erstmals Honorare. Jeden Ersten 4000 Schilling – „am 10. hatte ich nur mehr 400, mit denen musste ich mich bis zum Monatsende durchg' fretten ...“ Und der plötzlich berühmt gewordene Bürgerschreck aus Breitensee bekommt eine Gemeindewohnung zugewiesen. Doch bereits nach einiger Zeit folgt die Delogierung – wegen permanenter nächtlicher Ruhestörung und massivem Mietrückstand.

Die schulterklopfende Anerkennung ufert aus. Es wird zu eng in Wien. Als *Dialektdichter* hier zu leben, wird immer belastender. Mit einer schwedischen Studentin flüchtet H. C. nach Stockholm. Später findet er in Berlin Asyl. Überall begleitet ihn seine „Olympia“-Reiseschreibmaschine. Manchmal auch eine Muse. Nach diesen wilden Zeiten reist der ruhe- und rastlose *kuppler und zuhälter von worten* durch ganz Europa. Befindet er sich gerade in Grönland, in Schottland oder in den Niederlanden? Für Elfriede Jelinek ist er ein „Gentleman mit einem Reisekoffer, ein Anarchist, garantiert wieder einmal mit Tausenden von nackten, wispernden Eskimomädchen unterwegs, die aus ihren Körpern Lieder bilden."

Der Abenteurer Artmann lässt in seinen Büchern Figuren aus fremden Ländern, Lemuren, Vampire und Werwölfe auferstehen. Batman und Robin, Donald Duck und Robinson Crusoe. Seine Fantasie scheint grenzenlos. Wenn der chinesische Schurke Dr. Phoo Manchu brüllt, klingt das so: „Tsen wei wui ting örh bo ming hui!" und auch die Sprache der blauen Wilden von Carpentaria in Nordaustralien beherrscht der sprachkundige Autor: „Oarrngh mmmflullwp ahrkpp nnnschnl!"

In „Nachrichten aus Nord und Süd" schreibt er 1978: „Bitte bitte sagt mir doch, wer ich bin, damit ich mich wenigstens in Zukunft danach richten kann." Irgendwann findet er in einem kleinen Haus am Ende einer Allee mit schlanken, schönen Birken in Salzburg-Moos Ruhe. Zwischen Föhn- und Lodeneskapaden, aber Artmann genießt es, dass Hasen am frühen Morgen bis an sein Küchenfenster hoppeln. Hier lebt er mit seiner Frau, der Schriftstellerin Rosa Pock, die drei Jahrzehnte verlässlich an seiner Seite bleibt, und Tochter Emily Griseldis.

Der Poet aus Österreich wird längst auch international gewürdigt. Im deutschen Feuilleton schreibt Kritiker-Legende Gerhard Stadelmaier über den Wiener mit den *größten lyrischen Kopfwelten*: „Der Dichter als Erzieher. Zieht sich Masken übern Kopf. Und legt reimweise die Kinder, die in seinen Lesern stecken, übers Schreckensknie … H. C. (Hans Carl) Artmann, gelernter Schuhmacher und gewordener Poet, Wörtergerber und Dichtungsvernäher, Surrealitätsreimspieler und Fantasieraumvermesser, der kleingeschrieben die größten lyrischen Kopfwelten *med ana schwoazzn dintn* hintuschte."

An seinem 60. Geburtstag wird ausgiebig gefeiert. In Berlin. Sechs *Verflossene* sind da. 60 Rosensträuße mit 60 Rosen. 60 Flaschen Champagner. Und 600 Flaschen Chianti. Zum 70. Geburtstag erhält der inzwischen vielfach ausgezeichnete Dichter aus Breitensee das Ehrendoktorat der Universität Salzburg: „Dr. h.c. H. C. Artmann". Wie das klingt, das gefällt ihm.

Der Platz vor dem Salzburger Literaturhaus wird nach ihm benannt. Einem Rebellen im Ruhestand. Zu viele Jahre hat er *pro Zeile eine Zigarette geraucht*. Der Enthusiast, als der er auch immer wesentlich Jüngere mitgerissen hat, ist müde geworden. Er blickt zurück, erschöpft von einem Leben aus Euphorie und Einsamkeit, Tatendrang und Traurigkeit, barocken Allüren und tiefer Melancholie. Auf Erfolge und Exzesse, auch auf seine literarische Spurensuche vergessener Barockdichter, die er in sensiblen Übersetzungen zugänglich gemacht hat. Und auch seine „Asterix"-Nachdichtung ins Wienerische, die nicht nur in seiner Heimatstadt Kultstatus erlangt.

H. C. Artmann. Durch die Verbindung von Avantgarde und Volkstümlichkeit setzt er literarische Maßstäbe. Ein Herr mit Grandezza. Ein rastlos Reisender, der real, im Kopf und in der Sprache unterwegs ist. Ein Mann, der mit fünf Frauen fünf Kinder hat, der mit 40 zum ersten Mal heiratet, aber drei Monate später bereits wieder geschieden ist. Und in einem Gedicht schreibt: „ich bin kein jäger kein hasentöter sechzig kinder möchte ich zeugen keine hasen töten". Das Leben ist ihm nur allzu bekannt. Aber „sein überschwang hatte niemals eine lächerliche note" wie er selbst attestiert.

Er lässt sich nie blenden, von „leuten, die kommen und etwas in einer sprache sagen, die keiner außer ihnen versteht". Er ist ein Exzentriker und Individualist, ein Schelm und Provokateur. Ein Dichter, der scheinbar ein Leben lang versucht, seine Biografie zu verschleiern, der sich hinter Masken und Synonymen von der Außenwelt abschirmt. Er sieht sich als Husar, Surrealist,

„kurfürstlicher sylbenstecher", chinesischer Hofdichter oder empfindsamer Lauscher an Nachtigallenschnäbeln. Er tritt auch als „Artmann Quirin Kuhlmann", „Metro Goldwyn Artmann" oder „Artmann of Arabia" auf.

Lange Zeit fühlte er sich „für einen Philosophen noch zu knusprig. Ich bin ein elastischer Mensch!" Doch irgendwann ist er müde geworden, vom Leben. Die Zeiten, als sein milchiger Mopedscheinwerfer die Abende erhellte, als ihn die Vision beflügelte, „den Lenker einfach auszulassen und in die untergehende Sonne hineinzurauschen", sind vorbei. Auch die wilden Berliner Tage, als er beim Twist-Tanzen in Berlin Günter Grass die Mädchen ausspannte, als er grinsend in einem Sarg liegend sein „Dracula"-Buch präsentierte.

„Aus fernen augen hast du uns angesehen", meint Ernst Jandl, „gluecklich, wessen zeit mit deiner zusammentraf. mit dir, uns allen voran, haben wir in unserer sprach eine neue dichtung gemacht."

Er hat nie *vernünftig* gelebt. Die Wirklichkeit hat ihn eingeholt. Er leidet an *seelischem Rheuma*. Während der letzten fünf Jahre lebte H. C. Artmann wieder in Wien, in der Josefstadt. Flügeltüren. Parkettböden. Gediegene Atmosphäre.

In der Nacht von 4. auf 5. Dezember 2000 ist das Herz zu schwach, um weiterzuschlagen. H. C. Artmann stirbt in seiner Wiener Wohnung.

BONVIVANT UND BÜRGER-SCHRECK AUS BREITENSEE

Begegnungen mit einem Menschen voller Tatendrang und Traurigkeit

Ich hatte das Glück, H.C. Artmann zu kennen. Wir arbeiteten gemeinsam an dem Buch „Menschenbilder". Ich besuchte ihn immer wieder in seinem Haus in Salzburg, in der Wohnung in Wien, wir unternahmen gemeinsame Reisen. Manchmal auch nur spontane Ausflüge in schattige Wirtshausgärten. Oder Expeditionen in kleine Bars. Wir waren auch immer wieder außerhalb Österreichs, in Europa, unterwegs. Wo immer wir hinkamen, stellte mich H. C. als „mein Freund" vor. Als ich ihn einmal fragte, ob er zur Präsentation meines Helmut-Qualtinger-Buches nach Hamburg mitkomme, fragte er nur: „Wann müss' ma in Schwechat sein?" – „Die Maschine geht morgen früh, um 7 Uhr", „Ich freu' mich schon …" Pünktlich um 5.30 Uhr stand er vor seiner Haustür.

Er war ein Freund, der die Frage eines Magazins, was Glück für ihn bedeute, mit dem Satz beantwortete: „…wenn ich um einen Freund Angst gehabt habe und ich dann die Nachricht bekommen habe, dass alles wieder in Ordnung ist."

H. C. hat sich immer wieder Zeit genommen, um mir aus seinem Leben zu erzählen. Es war zwischen uns vereinbart, dass ich „gegen Mittag, am besten um zwölf" anrufe. Er würde mir dann sagen, ob wir uns sehen können. Wenn H. C. einen *guten Tag* hatte, arbeitete er bis zu seinem Ende mit seiner Frau Rosa, die drei Jahrzehnte verlässlich an seiner Seite war. In den letzten Monaten diktierte er ihr aus dem Gedächtnis. Frei, ohne irgendwelche Notizen. So entstanden noch vier Goldoni-Übersetzungen und ein Opernlibretto im Auftrag des Herbert-von-Karajan-Zentrums.

Rosa stammt aus der Südsteiermark. Sie ermöglichte H. C. viele gelebte Wünsche. Es freute ihn, dass sie selbst zu schreiben begann. Und schöne Gedichte veröffentlichte:

karten
was willst du mehr / als diese karten / mischen /
geben / austeilen / mit denen du spielst / mariage /
doppelkopf / solo / sechsundsechzig / oder tod und
leben / woraus du ersehen kannst / welches spiel
gespielt wird / deine dir gegebenen karten / deine
bedingungen / und der verlauf erst absehbar am ende.

Meist kam H. C. selbst ans Telefon und erzählte mir damals vor 20 Jahren, was er erlebt hatte. Nicht mehr allzu viel. Mit der schon dünnen, leisen Stimme sprach er von „seinem einzigen Fenster zur Welt", dem Fernsehen. Er sei ein *Zapper*, könne zwischen mehr als 30 Programmen auswählen. Weil er nicht einschlafen könne, sehe er viel fern. Die Nachrichten. Immer. Am liebsten sei ihm Danielle Spera, „weil's auch fesch ist". Außerdem kenne er sie noch aus Paris. Und er liebe gute Fußball-Matches. Und deutsche Krimis. „Den ‚Tatort' nicht, die reden immer so gespreizt." So, jetzt hätte er „großen Gusto auf Gefrorenes oder eine Salami, am besten eine Mailänder …" Ich solle halt in den nächsten Tagen wieder anrufen – „gegen Mittag, am besten um zwölf …"

Manchmal besuchte ich ihn dann in seiner Josefstädter Wohnung. Sie ist nicht sehr groß, hell und sonnig. Mit wenigen Möbeln und vielen Büchern, Parkettböden und Flügeltüren, fast großbürgerlich. Mit Blick durch die hohen Fenster auf die belebte Josefstädter Straße. Ich stellte ihm Fragen, aber vor allem hörte ich einfach zu, bei dem, was ihm gerade einfiel. Was er mir aus seinem Leben erzählte.

In diesem Buch berichte ich von den Gesprächen, die wir bis kurz vor seinem Ableben geführt haben. Ich habe versucht, Sequenzen seines Lebens zu beschreiben, hauptsächlich aus seiner Wiener Zeit. Ein Leben, das H. C. Artmann voller Würde gelebt hat. Was sicher nicht immer leicht war, denn – wie Alois Brandstätter meint – „Schriftsteller in Österreich zu sein, das ist gerade so wie Strohhuterzeuger in Lappland".

H. C. Artmann hat mir viel erzählt: Von prägenden Lebensabschnitten, von der Kindheit und Jugend in Breitensee über das Wien der Nachkriegszeit – zwischen Schleichhandel und „poetischen demonstrationen" – bis zu den frühen Experimenten als literarischer Avantgardist und bis zur Gründung der „Wiener Gruppe". Von seinem großen, unerwarteten Erfolg mit Dialektgedichten, von den Reisen eines Rastlosen quer durch Europa. Und schließlich von seiner späten Anerkennung.

Zuletzt durfte ich ihn am 1. November 2000, ein paar Wochen vor seinem Ende, besuchen. Er hatte wieder einen *guten Tag*. Er saß frisch rasiert, aufrecht und elegant im dunkelblauen Pullover und der grauen Flanellhose in seinem Lederfauteuil. Emily, seine Tochter, und seine Nichte Katharina drehten gerade einen Film über ihn.

Mehrere Stunden erzählte er mir später aus seinem Leben. Manchmal von heftigen Hustenanfällen gebremst. Aber der fast 80-jährige, körperlich schwache Schriftsteller ist weiterhin der Enthusiast, als der er auch immer wesentlich Jüngere mitgerissen hat. Ein Verführer, der die Nähe der Jugend suchte und dabei oft jünger als die Jungen war.

Voller Verve erzählte er von all den schrulligen Figuren aus Breitensee. Von all den prägenden Persönlichkeiten der Peripherie, die in seinen Erzählungen immer wieder liebevoll beschrieben wurden. Und er erwähnte wie beiläufig, dass er bei den Frauen ein „Spätstarter war und mit der ersten im zarten Alter von 26 Jahren geschlafen hatte". Und gleich ein Kind zeugte. Sein erstes. Sohn Patrick. Später sollten noch vier Kinder folgen: Patricia, Manja, Carl Johan Casimir und Emily Griseldis.

„Eigentlich bin ich ein verhältnismäßig treuer Mensch, wenn ich einmal wo gelandet bin, bleib ich picken. Frauen lernt man nur langsam kennen. Richtig versteht man sie erst, wenn man schon wieder auseinander ist. Wenn's aus ist, glaubt man, das halt ich nicht aus. Später lacht man darüber …"

Artmann erzählte mir von der abenteuerlichen Flucht aus der Kriegsgefangenschaft, dem allerersten Gedicht, das er für ein Bauernmädchen aus Hollabrunn geschrieben hat. Oder von seiner Erinnerung an das Nachkriegs-Wien, von Existenzen zwischen Bangen und Hoffen, von Euphorie und Enttäuschung. Er schlug sich ganz gut durch, arbeitete als Statist im „Etablissement Ronacher" und als Übersetzer bei den Amerikanern.

Und H. C. Artmann erinnerte sich an das Exil in Berlin, Mitte der 1960er-Jahre. An das Untermietzimmer im dritten Stock in der Kleiststraße 35. In Berlin-Schöneberg, wo John F. Kennedy im Juni 1963 seine berühmte Rede mit dem Satz „Ich bin ein Berliner" gehalten hat. Am Türtaferl der Wohnung des aus Wien geflohenen Dichters stand „hans carl artmann – 7x läuten". Immer kamen Freunde auf Besuch. 24 Stunden Open House. Relikte der vielen Partys sind die Bier- und Whisky-Flaschen, überall am Boden verstreut. Und durchaus stolz erzählte er davon, dass er in der Diskothek „Eden-Saloon" des Berliner Nachtclub-Königs Rolf Eden in der Damaschkestraße im einen Twist-Tanz-Wettbewerb gewann. Und Günter Grass nur Zweiter wurde.

Plötzlich ist Artmann damals im November 2000, wenige Wochen vor seinem Ableben, in seinen Gedanken wieder in Wien gelandet. Im Ottakringer Wirtshaus „Zur blauen Nosn" in der Johann-Staud-Straße 17. Wir sollten in den nächsten Tagen rausfahren und nachschauen, was in der Vorstadt, vor allem in Breitensee, noch existiert: Die Tee- und Likörstube der Franciska Marous, der Sparverein „D' Ameisbachler", die Gaststätte Hapler, wo einmal jährlich hinten im Extrazimmer die Verkaufsausstellung

„Das gute Bild für den Normalverbraucher" mit Stillleben aller Art stattfand.

Und auch die Pawlatschen, wo früher das Ringelspiel, der Watschenmann und das Kasperltheater gestanden sind, sollten wir unbedingt suchen. Oder das kleine Tschocherl und die Greißlerei hinter der Kirche. Und wir sollten schauen, ob vom Chinesenviertel in der Kuefsteingasse noch irgendetwas zu erkennen ist, ob auf der Steinhoferwiese, einem „wahren Paradies der Beinbrüche, verstauchten Kreuze und ausgekegelten Handgelenke", noch immer so viel los ist.

Und er wollte mir bei unserer Exkursion das Café Smejkal zeigen, wo man das Bummerl um zehn Groschen ausgespielt hat. Und das 1905 als Zeltkino gegründete „Breitenseer Lichtspieltheater", in dem er zu Beginn der 1930er-Jahre einen der letzten Stummfilme gesehen hat: „Eine schamlose Frau" mit Greta Garbo. Und, nach dem Einbau einer Tonanlage, die großen Revue- und Operettenfilme der Ufa wie „Die Drei von der Tankstelle" mit dem Schlager „Ein Freund, ein guter Freund".

Hauptdarstellerin des schwungvollen Films, der von der politischen Ohnmacht jener Zeit ablenken sollte, war Lilian Harvey. Der leidenschaftliche Kinogeher Artmann erinnerte sich, dass man damals in den „Illustrierten Blättern" lesen konnte, dass die aus den Londoner Slums stammende Schauspielerin „ihre in Armut lebenden Angehörigen von der Tür ihrer palastartigen Villa vertreiben ließ, wo sie jeden Tag in deutschem Sekt badete und ihre Fingernägel mit geschmolzenen Perlen überziehen ließ".

Einmal wartete H. C. am frühen Nachmittag schon unten vor der Haustüre auf mich, Ecke Josefstädter Straße/Schönborngasse. Elegant, im erbsengrünen Corduroy-Twill-Trenchcoat im Raglanschnitt. Der unvermeidbare Tschik – trotz *ewiger Bronchitis* – zwischen den Fingern. „Soll ich vielleicht mit 79 noch zum Rauchen aufhören?" Nach der knappen, herzlichen Begrüßung fuhr er mit dem Aufzug wieder in die Wohnung hinauf.

Er war schon zu schwach für unseren Ausflug in seine Kindheit, nach Breitensee. Drei Jahre zuvor rutschte er in der Gardasee-Villa von André Heller am spiegelglatten Parkettboden aus und brach sich das Becken. Seit damals schmerzt jeder Schritt.

Müde von einem Leben aus Euphorie und Einsamkeit, Tatendrang und Traurigkeit hat er sich ein halbes Jahr vor seinem 80. Geburtstag verabschiedet. In „Grammatik der Rosen" nimmt er 20 Jahre davor das Ende vorweg: „ich lege ein wenig ermüdet mein binokel auf die holzbraune fläche meines fensterbrettes und sage auch als freund adieu, wer weiß, ob ihr mich verstehen könnt, aber es wäre schön, ihr tätet es … adieu!"

REISEN IM WINDSCHATTEN DER POESIE

Späte Ehrungen und ein aschenleichter Tod

Anfang Dezember des Jahres 2000 war in Wien von Adventstimmung noch nichts zu spüren. Die blonde Wetterfee erklärte im Fernsehen, dass Gumpoldskirchen sensationell 19 Grad gemeldet hat und bei uns nördlich des Alpenhauptkamms auf der „Quecksilber-Säule“ momentan um fünf Grad mehr als in Casablanca, ja, und sogar um zwölf Grad mehr als in Damaskus gemessen wurden.

H.C. Artmann litt seit Wochen unter dieser „teuflischen Witterung, diesem furchtbaren Föhn, der drückt so, mein Kreislauf ist im Eimer …“. Schon immer habe ihm der Föhn zu schaffen gemacht und Schmerzen im Knie und im Rücken verursacht. Seit Tagen hat er seine Wohnung nicht mehr verlassen. Der „freund der fröhlichkeit“, der Freund der Frauen, einer, „dem es die Poetik zwar angetan hat, mehr aber noch ein fescher Hintern“, der liebenswerte Strawanzer – in dessen Leben es immer wieder Räusche und Raufereien gegeben hat.

Ein Mann, der früher mit Grandezza als „Artmann Quirin Kuhlmann“, „Metro Goldwyn Artmann“ oder „Artmann of Arabia“ auftrat. Seine Identität und Herkunft verschleierte er gerne spielerisch, sein autobiografisches Verwirrspiel ist auch Teil seines Werkes. H. C. hat viele verschiedene Existenzen und Gesichter, Bärte und Brillen – mit Fenstergläsern.

Er wollte nicht nur ein Leben leben, er pendelte ständig zwischen Dichtung und Wahrheit, nannte sich selbst einen „Schwindler aus Überschwang“. Das fiktive Waldviertler Bauernnest St. Achatz am Walde – die Heimat des „Lyrikers Casimir Achatzhäußer“ – wurde statt der realen Wiener Vorstadt, dem nicht allzu spektakulären 14. *Hieb*, als Geburtsort angegeben. Dort, wo nur vier Klassen Volks- und vier Klassen Hauptschule reichten, um einer der bedeutendsten Dichter des 20. Jahrhunderts zu werden.

Am liebsten präsentierte sich der Bonvivant aus Breitensee als direkter Nachfahre des Grafen Dracula, als Frankenstein, Sindbad oder Detektiv Tom Parker, als „H. C. artmann, den man auch john adderley bancroft alias lord lister alias david blennerhasset alias martimer grizzleymodld de vere &c. &c." nennen kann.

Ein Mensch, der sich und sein Leben nie zu ernst nahm. Einer, der „a gesagt, b gemacht, c gedacht, d geworden" war. Ein Schriftsteller, der die Sprache liebte – ein, wie er selbst sagte, „Kuppler und Zuhälter von Worten, der das Bett bietet". Ein Einzelgänger, der zwischen Splendid Isolation und ausschweifendem, barockem Spiel pendelte. Er lebte in einer Mischung „aus hemmungsloser Euphorie und ganz stiller Traurigkeit". Angetrieben von zügelloser Neugier und grenzenloser Fantasie ließ er die Realität oft hinter sich.

Ein rastlos Reisender, der „auf einem großen grünen Walfisch nach der Sandwich-Insel reiten will". Im Windschatten der Poesie sieht er sich als „Husar mit Schnauzbart", „surrealer Grenzgänger", „vazierender Vorstadtpoet", „chinesischer Hofdichter" oder „empfindsamer Lauscher an Nachtigallenschnäbeln".

Doch seit Monaten ist er körperlich geschwächt und zu müde für die Welt draußen. Diese „ganzen Wehwehchen" seien ihm peinlich, er möchte „stolz abtreten. Mein Tod soll aschenleicht sein. Ich möchte, wenn's soweit ist, meine Asche verstreuen lassen … auf dem Land. In Irland oder im Waldviertel", stellte er schon drei Jahre vor seinem Tod fest.

Für Elfriede Jelinek war Artmann „unersetzlich, der auch immer dann seine Würde bewahrte, wenn er wegen seiner Mundartdichtungen oder Steuerangelegenheiten ‚angepinkelt' wurde." Für den Germanisten Wendelin Schmidt-Dengler „geht eine Epoche der österreichischen Literatur zu Ende". Zeitungen, Magazine und Fernsehsender nehmen Abschied. In der „Frankfurter Allgemeinen Zeitung“ ist zu lesen: „Oft schon ist der Tod des großen Pan ausgerufen worden. Jetzt ist er wirklich gestorben, neunundsiebzigjährig, am späten Montagabend in Wien.“ Und der Lyriker Raoul Schrott formulierte knapp: „Der König ist tot!“

Jahrzehnte vor seinem Tod forderte H. C. Artmann:

Waun i amoi a bangl reis
Zu deidsch: de bodschn schdrek –
I hoff es dauad no a wäu
Bis zu den leztn schrek –
Waun i daun aoesdan schdeam soit
So bit ich eich nua r ans:
Jo nu aka r eangrob aum zenträu!
I schdee ned auf so danzz …

Die Angst vor dem Ende, vor dem Tod, ist aber immer da. Der „älteste traum von der angst, die man nicht haben will, die aber dennoch durch eine hintertür in den mund steigt, sich darinnen breit macht … die angst, die man vor dem tod oder vor dem erbrechen reichlich genossenen alkohols hat.“ Genau eine Woche nach seinem Tod, am 11. Dezember, hätte H. C. Artmann während eines Mittagessens im Stammlokal der letzten Jahre, der „Frommen Helene“, gleich gegenüber seiner Wohnung, die letzte große Ehrung, das Große Goldene Ehrenzeichen für Verdienste um die Republik Österreich, erhalten sollen.

Im Tagebuch „das suchen nach dem gestrigen tag oder schnee auf einem heißen brotwecken. eintragungen eines bizarren liebhabers“, einem Diarium mit Erinnerungen, Reflexionen und Überlegungen, die von einer „schillernden, unverwechselbaren Sprachhaut überzogen sind“, beschreibt sich der junge H. C. selbst. Er will beweisen, dass man Poesie auch leben kann. Es ist eine Gratwanderung zwischen Literatur, Ehrlichkeit und Fantasien.

Es sind sprachlich pointierte Bekenntnisse eines Reisenden, der erst spät Ruhe findet: „Meine heimat ist österreich, mein vaterland europa, mein wohnort malmoe, meine hautfarbe weiss, meine augen blau, mein mut verschieden, meine laune launisch, meine raeusche richtig, meine ausdauer stark, meine anliegen sprunghaft, meine sehnsuechte wie die windrose … im grunde traurig, den maedchen gewogen, ein grosser kinogeher, ein liebhaber des twist, ein uebler schwimmer … im kriege zerschossen, im frieden zerhaut, ein hasser der polizei, ein veraechter der obrigkeit … schuechtern am anfang, schneidig gen morgen, abends stets durstig … mit lissabonerinnen ueber stiegen gekrochen … mit glasgowerinnen explodiert und durchs dach geflogen … bernerinnen vergoettert, an pragerinnen herangetreten … masken verfertigt, katakomben gemietet, feste erfunden, wohnungen verloren, blumen geliebt, schallplatten verwüstet … nasen gebrochen, parapluies stehengelassen … mickey spillane gelesen, goethe verworfen, gedichte geschrieben, scheiße gesagt … alles was man sich vornimmt, wird anders als man sichs erhofft …“

Als H. C. Artmann, der inzwischen hochgeschätzte ewige Grenzgänger zwischen Realität und Fantasie, im November 1974 den Großen österreichischen Staatspreis für Literatur überreicht bekommt, stellt Minister Sinowatz den „Poeten der Gesellschaft, der immer verdächtig bleiben muss“ in eine Reihe mit Heimito von Doderer, Fritz Hochwälder und Alexander Lernet-Holenia. Der festliche Staatsakt findet im barock-prunkvollen Rahmen der Hofburg statt. Eigentlich hatte sich der Geehrte das Palmenhaus, draußen in Schönbrunn, als Ort der Verleihung gewünscht: „Aber wenigstens war meine Mutter dabei. Sie hat sich nicht neben mich in die erste, sondern in die dritte Reihe gesetzt. Und sie hat viel gelacht.“

Nachher, im Wirtshaus, meinte der Preisträger: „Morgen früh fahr ma alle raus nach Dornbach. Und besuchen den Konrad Bayer. Den Preis soll er bekommen, nicht ich. Mit dem Fiaker fahr ma raus auf'n Friedhof und weiße Orchideen um zehntausend Schilling streu ma ihm aufs Grab. Und dann schrei ma: Konrad, kräul ausse, du Arschloch ..."

AN DER BREITENSEER BASSENA

Bauchfleisch, Bösendorfer-Flügel und der Bomber der Nation

Im Jahr 1921 erreicht die Inflation mit 573 Prozent Geldentwertung einen neuen, dramatischen Höhepunkt. Banknoten im Wert von 200 Milliarden Kronen kursieren. Doch kaufen kann man sich um das viele Geld nur wenig: Ein Kilo Schweinefleisch kostet 1000, ein Kilo Speck 1700 Kronen. Wegen der uferlosen Teuerungen kommt es in Wien zu Plünderungen. Spekulanten und „Hamsterer" beherrschen das Straßenbild.

In ganz Österreich gibt es „Hungerdemonstrationen" – in Leoben sterben dabei fünf Menschen. In Graz demonstrieren schon im Jahr zuvor Tausende Hausfrauen gegen die horrenden Obst- und Gemüsepreise. Bei diesem „Kirschen-Rummel" sterben 15 Menschen. Drastische Lebensmittel-Einschränkungen machen die Menschen wütend und aktiv: Anlässlich einer „fleischlosen Woche" wird von den Behörden statt Fleisch „einmalig ein achtel Kilo Haferreis pro Person" zugeteilt. Als dann das Gerücht kursiert, dass man wieder Fleisch bekomme, sammeln sich ab vier Uhr früh an die 10.000 Menschen vor den Toren der Großmarkthalle. Die Notvorräte – 2700 Kilogramm gefrorenes Rindfleisch, 800 Kilogramm Würste und 280 Kilogramm Köpfe und Füße vom Schwein sind innerhalb weniger Minuten verkauft. Der Zorn der Masse eskaliert: „Mehr als hundert Personen", wird im Polizei-Protokoll vermerkt, „liefen in die Kühlanlagen, sprengten mehrere Kühlkammern und plünderten die eingelagerten Fleisch- und Fettvorräte."

Im täglichen Kampf gegen den Hunger versucht auch das Wiener Bürgertum, irgendwie zu überleben: Mit prall gefülltem Rucksack fährt man hinaus aufs Land. Bei den Bauern im Waldviertel oder in der Buckligen Welt werden Familienschmuck gegen Eier, Perserteppiche gegen Butter und Antiquitäten gegen Bauchfleisch eingetauscht. Und so mancher Bösendorfer-Flügel aus einem Cottage-Haushalt landet als Tauschobjekt für eine Sau in Tulln.

Im Roman „Die Welt von Gestern“ beschreibt Stefan Zweig die Folgen der Rückkehr zum Tauschhandel: „Erst waren die Bauern glücklich über das viele Papiergeld, das ihnen für ihre Eier und ihre Butter ins Haus regnete. Sobald sie aber mit ihren vollgestopften Brieftaschen in die Stadt kamen, um dort Waren zu kaufen, entdeckten sie, dass die Sense, der Hammer, der Kessel, den sie kaufen wollten, unterdessen das Zwanzigfache oder Fünfzigfache im Preis gestiegen war.“

In Wien herrschen Hunger und Not, pure Verzweiflung, die Angst, ob man die nächsten Tage überleben werde. Die medizinische Versorgung ist elend, die Kindersterblichkeit extrem hoch. In der Scheinwelt von Operetten-Verfilmungen mit „süßen, schwärmerischen, duftenden Melodien“ und Dreigroschen-Romanen im Ärzte- und Aristokraten-Ambiente versucht man, kurzfristig den Sorgen zu entfliehen, das Elend des Alltags zu verdrängen.

Man versucht, das Beste aus dem Leben zu machen. Die Frauen verabschieden sich vom engen Korsett der Rollenbilder des 19. Jahrhunderts. Man betreibt Sport, entwickelt eine offenere Einstellung zur Sexualität, legt sich einen flotten Bubikopf zu und studiert die Modeseiten mit den simplen Schnittbögen zum Selberschneidern: Als „Herbstkleidchen für unsere Backfische“ wird ein „schlichtes Jumperkleid mit angesetztem Faltenrock“ empfohlen. Und „die moderne lange Jacke arbeitet man passend zum Kleid und erhält so ein hübsches Complet für die kommenden, kühlen Tage …“

Manch mutige Frau nimmt an einer Wahl zur Schönheitskönigin teil. Man braucht nur sein Foto an die Zeitung zu schicken: Beim Gewinnspiel der „Illustrierten Kronen-Zeitung“ werden anlässlich der Wahl zur „schönsten Frau des Landes“ insgesamt vier Millionen Kronen verlost.

Die Männer finden beim Fußball Zerstreuung: bei den Heimspielen von „Wacker“, „Rapid“, „Slovan“, dem „Hütteldorfer AC“ oder beim Ländermatch: Auf der Simmeringer *Had* schlägt Österreich vor mehr als 40.000 Zuschauern den *Erzrivalen* Ungarn mit 4:1 Toren. Allerdings ohne ein Tor von Josef Uridil. Jenes Rapid-Stürmers, der im Meisterschaftsspiel gegen den WAC sieben (!) Tore geschossen hat. Abends tritt der *Bomber der Nation* regelmäßig in einem Schwank der „Roland Bühne“ auf. Während der Pause wirbt er für Limonade und Likör, Seifen und Zuckerln. Hermann Leopoldi würdigt den geschäftstüchtigen Sportler in einem Schlager, der zum Gassenhauer wird: „Heute spielt der Uridil …“

Am 12. Juni 1921 kommt Hans Carl Artmann in der Wiener Vorstadt, im 14. *Hieb*, in Penzing, in Breitensee, zur Welt. In der Kienmayergasse 43. Auf Tür Nummer 8 im ersten Stock. Er wächst in einem schmalen Kabinett mit Fenster auf die Gasse auf: „meine kinderstube war zwar bescheiden ich bin bei erdäpfelsuppe und zwetschkenknödel aufgewachsen allein ich habe immer danach getrachtet ein mensch zu bleiben der nirgends aneckt …“

Der Vater ist weder „Handlungsreisender“ noch „Seemann“ – wie sich das der Sohn wünscht. Jahrzehnte später beschreibt er in den Gedichten „von der wollust des dichtens in worte gefasst“ immer wieder die Sehnsucht nach Abenteuern in weit entfernten, exotischen Ländern. Mit dem Vater gibt es schon früh außergewöhnliche Erlebnisse. Vor der Haustür in Breitensee: „vis-à-vis vom hubenyschuster, wo zu fronleichnam der erste altar steht.“ Oder „beim Österreicher oben“, wo sich in dem alten Haus ein „gefährlicher geheimgang“ befindet. Mit einem Loch, „das geht hundert meter in die erde hinunter und wasser ist auch drin. der letzte rest vom breiten see, sagt mein papa …“

1946, im Alter von 49 Jahren, stirbt Vater Johann Artmann. Im

Ersten Weltkrieg granatverschüttet, sind seine Hände erfroren. Trotzdem stellt der Schuster Johann Artmann sogar Schischuhe her. Mutter Marie glaubt schon während der Schwangerschaft zu wissen, dass „mein Kind ein Dichter wird". Und Artmann sagt später, dass er vieles von ihr habe, „… alle Wehwehchen, alles Witzige, das Treuherzige, auch das Nicht-Warten-Können, die Angst, dass etwas passiert, und das Poetische."

Die enge Beziehung zur Mutter und geliebten Großmutter bleibt erhalten. Trotz der Schwierigkeiten mit der Welt der Erwachsenen – zwischen Breitenseer Bassena-Tratsch und tristem, aber stets sauberem Alltag. Mama Marie kocht sehr gut. „Linsen mit Knödln und am Sonntag Schweinsbraten … das hat sein müssen. Wie der Guglhupf zum Geburtstag."

Oder es gibt Erdäpfelgulasch. Das „einzige original spezialerdäpfelgulasch der Familie Artmann. Es besteht aus drei grundelementen, zwei gewürzen und reinem wasser. Ich berechne die nötigen mengen für zwei mittlere esser:

1 kg speckige erdäpfel
30 dkg zwiebel
10 dkg würfelig geschnittenen bauchfilz
1 gehäuften eßlöffel paprika
(edelsüß und scharf zu gleichen teilen gemischt)
1 gehäuften teelöffel salz
heißes wasser

Man stelle nun zu beginn keinerlei yogaübungen an, allerdings sei man tadellos rasiert, der schnurrbart sei dem anlaß entsprechend gepflegt, man gehe noch einige minuten in den garten, betrachte das rosenrondell, erbaue sich kurz an den narzissen und schwertlilien, mache eine besinnliche runde um den teich, entwerfe tief durchatmend ein kleines gedicht. Darauf begebe man sich heiter lächelnd in die tadellos aufgeräumte küche, binde eine saubere weiße schürze vor, reinige nochmals fingernägel und hände, trockne diese mit einem vorgewärmten frottétuch, zünde die gasflamme an (kein elektroherd!), setze eine gußeiserne casserolle auf das feuer, lasse in dieser den würfelig geschnittenen bauchfilz aus. Inzwischen hat man die zwiebel feinnudelig geschnitten, füge sie bei und lasse sie in heißem fett schön goldbraun rösten. Ist man so weit, stelle man die gestaubten erdäpfelwürfel (ca. einen zoll im quadrat) dazu, rühre alles einige male um, stelle die casserolle wieder auf das feuer und warte, nach gelegentlichem umrühren, bis die erdäpfel gut blanchiert sind. Sodann nehme man die casserolle abermals vom feuer und überstreue alles mit dem paprika, rühre wieder um und gieße schließlich heißes, aber nicht kochendes wasser gerade soviel auf, dass die erdäpfel leicht bedeckt sind. Nun salze man nach geschmack und lasse das ganze zugedeckt bei kleiner flamme köcheln. Sind die erdäpfel gar, ist das gulasch praktisch fertig und kann serviert werden (suppenteller!). Wohlhabenderen leuten ist es erlaubt, dem erdäpfelgulasch noch einen schuß madeirawein beizufügen, für damen empfiehlt sich ein eßlöffel süßsaurer rahm (süßrahm mit einem spritzer limonensaft), der bei tische mit einer gabel in der gereichten portion verrührt wird. Dazu ißt man, wenn vorrätig, einige schnitten frisches kümmelbrot."

MELODIE DER PERIPHERIE

Chinesen, Dämonen, Vampire und die Riesenwirtin

Während der 1920er-Jahre war Breitensee vor allem bescheidener Lebensraum für Arbeitslose, Handwerker und Holzfäller. Die Lebens- und Wohnverhältnisse waren äußerst bescheiden, oft wohnten auf kleinstem Raum mehr als zehn Personen. Die Betten wurden nie kalt, weil man sie tagsüber an in der Nacht arbeitende *Bettgeher* vermietete. Zwischen 1919 und 1921 wurden in den Baracken des ehemaligen „Kriegsspitals" in der Linzer Straße Notunterkünfte für Obdachlose errichtet. Unmittelbar nach Ende des Ersten Weltkrieges entstanden am Wiener Stadtrand, in der Lobau und am Rande des Wienerwalds ohne Rücksicht auf Bauvorschriften „wilde Siedlungen" – Kleingärten-Anlagen. Mit primitiven Hütten aus Holz und Lehm, die Kriegsopfern und heimgekehrten Soldaten als ganzjährige Unterkunft dienten.

Im „Siedlungsamt", mit dessen fachlicher Leitung 1920 Adolf Loos beauftragt wurde, versuchte man die ungesetzlichen Bauten des „Roten Wien" in geregelte Bahnen zu lenken. Loos entwickelte in Hietzing die Kriegsopfersiedlung „Friedensstadt" zwischen Hermesstraße und Hörndlwald, und auch in Breitensee entstanden unter der Aufsicht des Architekten Kleingärten-Kolonien.

Die „Schrebergärten" wurden in doppeltem Sinn wichtig: „Einschränkungen der Lebensmittelnot und Entspannung der überreizten Nerven …" Die Notunterkünfte nach dem Krieg für Menschen, denen dadurch das Überleben garantiert wurde, entwickelten sich später zu grünen Paradiesen der Peripherie.

Wie das des pensionierten Straßenbahners aus der Leopoldstadt, der, unweit des Geburtsortes von H. C. Artmann in der Kienmayergasse, einen kleinen Schrebergarten hatte und eines Tages – zwischen dem „Flüstern sommerlicher Lieder von Amseln und Drosseln im Apfelbaum“ und dem ersten Schluck des selbst angesetzten Weichselschnapses das Opfer von Einbrechern wurde. Der ehrenwerte Oberrevisor a. D. Leopold Flötzlberger, der „niemals einen Feind außer dem Durst hatte, keinem Spionagering angehörte, nicht gedichtet, nicht gemalt hat und auch nicht tätowiert war“, wurde überfallen.

Vermutlich kannte Herr Leopold, der pensionierte Straßenbahner mit der stets trockenen Kehle, all die Wirtshäuser von Breitensee und Umgebung. Das „Ameisbach-Stüberl“, Stammlokal des Hutfabrikanen Johann Feil, der als Bürgermeister von Breitensee seinen Sprechtag gerne hierher verlegte. Denn hier gab es den „besten Grammelstrudl vom ganzen 14. *Hieb*. Die Zutaten: „30 Grammeln, 40 dkg Mehl, 10 dkg Zucker, etwas Milch oder Schlagobers, 2 Dotter, Vanille, Backpulver, Rum, Zitrone + Schale.“

Oder das „Baumgartner Casino“ und das „Hütteldorfer Brauhaus“, „die „Bauernalm“ und der „Ochsenkopf“. Eines der legendärsten Gasthäuser musste dem Bau der Breitenseer Kirche weichen: „Die Riesin“. Laut „Extrablatt“ vom 7. 10. 1895 wurde es nach einer Wirtin aus der Biedermeier-Zeit „von ganz außerordentlicher Größe und von einem seltenen Umfang“ benannt. Hier wurden als Beilage zum G'selchten und Bruckfleisch Knödel in der Größe eines *Kindskopfs* serviert.

„Die Riesin“-Wirtin mit ihren Knödeln kannte man in ganz Wien, aus allen Bezirken strömten Hungrige nach Breitensee. Und in den Gstanzln der Volkssänger lebten die Riesin und ihre Knödel weiter:

Ein Hoch der Riesenwirtin,
die immer freundlich lacht
und die besten, schönsten,
größten Knödl macht!

Einer der durstigsten Sänger des Bezirks war sicherlich „der alte Bräuchl", als Gang- und Hofsänger höchst erfolgreich: „Seine Kinder konnten Handelsschulen besuchen, seine Frau, der er treu und herzhaft zugetan war, geht seit eh und je adrett und nett in den Konsum einkaufen, per Hut sozusagen", berichtet H. C. Artmann. „Seit aber Bräuchl an seinem Sechziger etwas über den Durst getrunken hatte und am nächsten Morgen mit einem Kontrabass erwacht war, ging es mehr und mehr bergab: Der arme Mensch! A Stimmerl wie a Wimmerl!"

1964 fasst Artmann im schwedischen Exil, in Malmö, in seinem Tagebuch die schillernden Figuren seiner Kindheit zusammen. Menschen, die der Tristesse in der Wiener Vorstadt Farbe gaben: „draußen am gang zeigen sich hin und wieder musikanten, feuerfresser, bettler, nachbarinnen mit hochgesteckten zöpfen, gefährliche wassermänner, geheimspitzel, soldaten und alte hexen …"

Mutter Marie erzählt ihm oft schön schaurige Geschichten. Märchen und Sagen aus dem alten Wien. Von der Hütteldorfer Hexenmühle, der alten Wahrsagerin vom Baumgartner Spitz und vom Wassermännlein im Wienfluss. Oder Unheimliches von Dämonen und Vampiren. Von Teufeln und Riesentötern, Waldmenschen und Zauberern. Die Großmutter bringt dem Buben all die seit Generationen überlieferten Zaubersprüche aus dem Waldviertel bei. Dort seien auch seine Wurzeln, im Wald, in der Natur, meint Artmann später: „… und die Oma hat gemeint, ‚wenn i beten wül, geh' i net in die Kirchn, sondern in' Wald zu an Bam'."

Am Wochenende fährt er mit den Eltern aufs Land. Mit dem Zug bis Retz und dann geht's zu Fuß zu den Großeltern. Der Opa Aloys Schneider vulgo Schienerschneider, der nach „Honigwaben und Schießpulver roch, wie sich's g'hört hat", habe ihm in der Natur, im Waldviertel, „die wichtigsten Dinge erklärt. Und er ist mit mir auf die Jagd gegangen, in viel zu großen Gummistiefeln." Bald entwickelte er eine eigene Fantasie-Sprache, ein Gemisch aus melodischem Dialekt der Wiener Vorstadt und den bäuerlich-lyrischen Zaubersprüchen aus dem Waldviertel.

Das Schuhmachergeschäft und die Werkstatt des Vaters sind für Hans Carl der Schnittpunkt seiner Kindheit: „manche haben einen wald voller rotkehlchen – schuhmacher besitzen ahlen, beiß- und kneifzangen, bienenwachs, hämmer, klopfhölzer, kneipe, leisten, spirituslämpchen, verzierrädchen und anderes mehr ... wenn der schuhmacher sein tagewerk beginnt, weicht er vorerst einmal das leder ein, dann trinkt er seinen morgenkaffee und spuckt sich in die hände."

An der Wand des väterlichen Geschäftes hängt ein Spruch: „Scheissen und Brunzen sind Kunsten" (Jahrzehnte später sollte dieser Spruch wieder auftauchen: bei Konrad Bayer und Gerhard Rühm.) Die Lehrbuben und Gesellen sprechen Italienisch, Tschechisch und Ungarisch. Das Schwadronieren, die G'schichterln von den Abenteuern mit tschechischen Ammen und Köchinnen, im Ringelspiel, der amerikanischen Schaukel, an den Schießbuden oder am Hasensteg und unterm Stadtbahnbogen vermischen sich zu einem Sprachgewirr.

Tschechen und Ungarn, vereinzelt auch Italiener und Polen, waren als Schuster und Schneider, Maurer und Tischler in Breitensee zu Hause. Die Slowaken erkannte man sofort als Kesselflicker, Scherenschleifer oder Händler, die mit Holzwaren von Haus zu Haus zogen. Und jede Gruppe hatte ihren eigenen Treffpunkt: Tschechen und Slowaken das Tanzlokal „Swoboda" – wo am Wochenende bis in den frühen Morgen Blaskapellen aufspielten. Die Ungarn hingegen feierten im Wirtshaus „Koszaka" in der Kuefsteingasse.

Und sogar *echte Chinesen* gab es dort schon damals. 70 Jahre später erinnert sich H. C. Artmann an das Chinesenviertel, das *Chinatown von Breitensee*. An Herrn Wang, den freundlichen, immer verlegen lächelnden Straßenbahnschaffner, oder den schmächtigen chinesischen Kohlen-Austrager aus der Kuefsteingasse 48, gleich neben seiner Volksschule. Die Chinesen von

Breitensee hausten hier unter menschenunwürdigen Bedingungen, in Kellerräumen, Stockbett an Stockbett eingepfercht wie Tiere. An die 50 chinesische Arbeiter sollen es gewesen sein, die Mitte der 30er-Jahre *plötzlich da waren.* Als das faschistische Italien 1935 Äthiopien überfiel und zur Kolonie machte, wurden alle Chinesen aus Italien ausgewiesen. In Österreich fanden manche von ihnen eine neue Heimat. Und manche wurden vom Schicksal nach Breitensee verschlagen.

Der einzige Mensch, mit dem sich die Chinesen-Kolonie anfangs verständigen konnte, war der Fleischhauer Leopold Killmeyer in der Breitenseer Straße – bei dem auch Mama Marie Artmann manchmal einkaufte. Killmeyer, in den 1930er-Jahren Österreichs erfolgreichster „Sand-, Gras- und Dirt-Track"-Fahrer und als solcher vielfacher Staats- und mehrfacher Weltmeister, erinnert sich im Buch „Penzing – Vom Wienfluss zum Wienerwald": „Diese exotischen Mitbürger waren Kunden in meinem Fleischhauergeschäft. Sie kauften nur billigste, aber nahrhafte Fleischwaren, vor allem Schwartln und Schweinshaxen. Die Chinesen waren handwerklich sehr geschickt und erzeugten Vasen, Perlenketten, Schirme und Kunsthandwerkliches aus Papier. Ihre Waren boten sie in den Parks und Gassen der Umgebung an. In einem Viertel, in dem die meisten Leute ebenfalls bitterarm waren, konnten sie nicht viel verdienen. Viele ältere Breitenseer erinnern sich noch, dass die fremdartigen Männer auf die Kinder ebenso faszinierend wie bedrohlich gewirkt haben. So wurde es zur häufig gebrauchten Drohung bei Kindern: ‚Wenns d' schlimm bist, kommst zu die Chineser.' Im Jahr 1938 verschwanden die Chinesen genauso schnell, wie sie drei Jahre zuvor aufgetaucht waren."

Der junge Artmann entwickelt unter dem Einfluss der vielen fremden Dialekte schon während der Volksschulzeit ein außergewöhnliches Sprachgefühl. Während der Hauptschule, im B-Zug, als zwölf- oder 13-Jähriger, liest er begeistert „domschakbiachln", Abenteuer-Hefte vom Wunder-Detektiv Tom Shark, die in der

Schule getauscht werden. Und führt als 15-Jähriger Tagebuch in Sanskrit, während seine Mitschüler aus der Hauptschule in der Lortzinggasse vom sensationellen „Slovan"-Sieg gegen die feldüberlegene „Austria" schwärmen oder mit wassergefüllten Präservativen in der Klasse herumschießen.

Durch die populären Tom-Shark-Groschenhefte, ihre Helden und Schurken aus Nah- und Fernost ist Hans Carl von den fernen Welten so fasziniert, dass er sich in deren exotische Sprachen vertieft. Assyrische Vokabeln notiert er penibel in einem Heft, das autodidaktische Sprachstudium des Hauptschülers beginnt.

Und er beginnt wie besessen zu lesen. Eskimo-Märchen und keltische Sagen, althochdeutsche Literatur und arturische Epen. In seiner 14-köpfigen Bauernfamilie war Literatur nie gegenwärtig: In einem Interview mit der „Neuen Zürcher Zeitung" erzählt der Schriftsteller 1997: „Nix hamma g'habt. Den Soldatenkalender und den lustigen Bauernkalender ... Ich bin von Haus aus Niederösterreicher. Meine Mutter mochte Wien nie. Obwohl sie seit 1914 in Wien war. Das überträgt sich dann irgendwie ... den Wiener Dialekt habe ich zu Hause nicht gesprochen. G'schert hamma gredt. Niederösterreichischen Dialekt, Bauernsprache. Die ist solider ..."

Nach der Hauptschule wird Hans Carl für drei Jahre Büropraktikant in einer „Chinasilber-Erzeugung". Jeden Tag in der Früh geht er zu Fuß von Breitensee in die Zieglergasse. Mittags schnell zurück nach Hause, wo die Mutter mit dem Essen wartet. Und dann die vier Kilometer wieder zurück in die Firma. Weil der Inhaber der Firma Ignaz Freisinger fast nie im Büro war, konnte der kaufmännische Lehrling den ganzen Tag lesen, vor allem Sprachlehrbücher. „Die Post und die Buchhaltung musste ich dem Herrn Freisinger immer ins Café Tuchlauben bringen. Dort hat er jeden Tag tarockiert. Die Firma war ihm ziemlich gleichgültig, er war ein sehr einsamer Mensch, seine ganze Familie lebte in Palästina."

Einmal pro Woche besucht der *Handelsgehilfe* Artmann die Handelsschule in der Skodagasse. Am frühen Abend, nach der Arbeit im Büro, kommt er wieder nach Hause, zur Mutter in die Kienmayergasse. Jene Gasse in Breitensee, die im 18. Jahrhundert nach Johann Michael Kienmayer benannt wurde, dem *Besitzer der Herrschaft Breitensee*, dem wohltätigen Gründer eines Waisenhauses. Als dort am Rennweg 1768 eine Kirche geweiht wurde, schrieb der zwölfjährige Wolfgang Amadeus Mozart eine Messe für den Festakt – die „Waisenhausmesse". Und das *Wunderkind* Mozart dirigierte die Uraufführung, im Beisein von Maria Theresia und Josef II., selbst.

Nur etwas älter als damals Mozart – Hans Carl ist 14, 15 Jahre alt – träumt er von der Welt draußen, von der Magie exotischer Länder. Er unternimmt Reisen im Kopf, „im Ballon von Niedercalifornien nach Krain, mit Werwolfsjägern ins koloniale Indien, mit Frankenstein nach Sussex …".

30 Jahre später beginnt er seine Geschichte „Frankenstein in Sussex" – die an fantasiegeladene Märchen erinnert – mit dem Satz: „Sie werden das, was ich ihnen jetzt erzähle, kaum glauben, aber die folgenden vorfälle entsprechen tatsächlich der wahrheit", um dann Frau Holle mit Mary Wollstonecraft Shelley als Kontrahentinnen zusammenzubringen.

Seine reale Umgebung, die Wiener Vorstadt – zwischen Basesse und Bassena – erscheint dem Heranwachsenden bald ziemlich eintönig, bar jeder Mystik: „Ich bin aufgewachsen. Jeder Sommer ist vergangen wie der andere. Ich bin nicht rausgekommen. Ich bin durch den weichen Asphalt marschiert und habe Holunder gerochen …" Über seinem Diwan hat er eine Karte mit den Reiserouten Don Quixotes aufgehängt. Im „Register der Sommermonde und Wintersonnen" schreibt er später: „… im traum suche ich immer das weite und erwache im bett. frage: wie weit ist mein bett vom traum entfernt?"

Aus Sehnsucht nach den Abenteuern in weit entfernten Gegenden will er frei und unbeschwert wie ein Vogel sein, von einem fernen Baum zum anderen fliegen. Fremde Sprachen, die er sich selbst beibringt, sollen ihm dabei helfen. Er macht sich mit spielerischer Leichtigkeit Grammatik, Vokabeln und schwierigste Satzkonstruktionen untertan. Er erfindet nebenbei gleich neue Dialekte und imaginäre Sprachkombinationen: „Worte haben eine bestimmte magnetische Masse ... sie sind gleichsam ‚sexuell', sie zeugen miteinander, sie üben Magie, die über mich hinweggeht, sie besitzen Augen, Facettenaugen wie Käfer ... und schauen sich unaufhörlich und aus allen Winkeln an ..."

In einem Nachruf liest man im deutschen Feuilleton: „Ein Artmann, der kannte sich aus in Nord und Süd, er kannte den Amselschlag nicht nur auf Englisch, sondern auch ihr gallisches Schnäbeln, er hatte ihre italienischen Cousinen in der Hand und kannte das Tyk-tyk ihrer schwedischen Schwestern."

H. C. Artmann soll sich mit mehr als 25 Sprachen und Dialekten, darunter Aramäisch, die er sein Leben lang nie sprechen gehört hat, beschäftigt haben. Zwischen der Lektüre der geliebten *Schund-Heftln* – mit Abenteuern von Tom Shark, Jörn Farrow, Rolf Torring und den Bravourstücken des *Gentleman-Diebs* Lord Lister – studiert er Grammatiken und Wörterbücher in Assyrisch, Malaiisch, Samoanisch. Und Walisisch-Irisch: Ein Onkel, Hauptschuldirektor im Waldviertel, hatte ihm zum 13. Geburtstag ein Lehrbuch der walisischen Sprache geschenkt.

Bereits im Alter von 15 Jahren kreiert er unter dem weltmännischen Pseudonym „John Hamilton" Detektivgeschichten. Das Spiel beginnt. Das lebenslange virtuose Spiel mit der Sprache, mit dem Verkuppeln von Dialekt und Surrealismus: H. C. Artmann – der „kurfürstliche sylbenstecher", wie er sich selbst gerne nannte, beginnt bereits als 15-Jähriger zu schreiben. Über die Abenteuer eines Detektivs.

MELDEZETTEL DER KINDHEIT

Breitenseer Budl-Busen und Zorro, der Rächer der Würstelmänner

Die Poesie der Wiener Vorstadt, die Exotik vor der Haustür, prägt das Werk H. C. Artmanns. Der Meister des Fantastischen und Surrealen, der ständig in fernen Ländern und fremden Sprachen unterwegs ist, vergisst den Meldezettel seiner Kindheit, den Heimatschein seiner Jugend, nie. Breitensee lebt fort. In den Genre-Szenen aus der Vorstadt, den unsentimentalen, skurrilen Skizzen wienerischen Alltags, die an das literarische Raritätenkabinett des Fritz von Herzmanovsky-Orlando oder Heimito von Doderer erinnern.

Auch Artmanns Typen, seine Helden der Peripherie, lassen barocken Humor und surrealistische Züge erkennen. Artmann entwirft Bilder, die auch von Manfred Deix stammen oder in Elizabeth T. Spiras ORF-„Alltagsgeschichten“ vorkommen könnten. Bei Artmann sind es lebensnahe Beobachtungen, die sich in ausgefeilter Sprachkunst wiederfinden. Er hält die Typen des alten, urtümlichen Wiens für immer lebendig, weil er über sie schreibt. Er beobachtet sie genau und reichert sie voll ausschweifender Fantasie zu einem Kaleidoskop von Wiener Typen an.

Wie in den 1983 erschienenen Skizzen „Im Schatten der Burenwurst“: Er berichtet von Zorro, dem Rächer der Würstelmänner, der in einer lauen Vollmondnacht einem *nadelgestreiften* Kunden mit der Senfspritze ein großes gelbes *Z* auf das feine Tuch applizierte, nachdem dieser meinte, „die Burenwurscht da is vom Gigara, do loß i mi eineschtechn, waun des Heidl ned zu hundat Prozent vom Roßfleischhocka schdaumt!“

Es sind stimmungsvolle Genrebilder einer bunten, lebendigen Welt der Vorstadt. Wie die Geschichte von der Klofrau Aloisia

Pischinger, die am Spirituskocher an ihrem Arbeitsplatz, im Pissoir, Rindsnierndln kocht. Oder der Schrebergärtner, der raren Rossknödeln nachjagt, oder Herr Doleschal von vis-à-vis, der die „dopötn Schligawitz" liebevoll „Liptauer" nennt, der Doctor phil., der seiner Tochter das Tragen von Hosen verbietet.

Und die Frau Amtsrat Reißfleisch, die ihr geräumiges Gassenkabinett an ausländische Studenten vermietet – aber nur an „Ameriganer": „Nur keine dunkelhäutigen Herren. Das wäre besonders peinlich vor den Nachbarn. Vielleicht wären auch Kannibalen und Mädchenhändler unter ihnen, wie man ja nur zu häufig im Lesezirkel erfahren kann …" Reißfleischs Freundin, Frau Adele, weiß beim Mohnstrudl Bescheid: „Die Ameriganer sein die solidesten und Geld haben tuns auch. Auf keinen Fall darfst du dir einen Arawer, Perser oder gar ein Dürken nehmen. Die haben uns schon viermal belagert …"

Oder die Geschichte von der verzweifelten Lydia, die „in der Opernpassage, im Volksmund auch ‚Jonaschgrottn' genannt, ihren geliebten Mohammed sucht". Und vom älteren Herrn Morawetz, der sich auf der Suche nach ewiger Jugend ein „Moperl" zulegt: „Ma muaß, wun ma med an Moped in de freie Natua aussebledad, desshoeb no laung ka Hoebschdoaka sei."

Oder die Kaninchenbeschälerin, die in der Erzählung „Grunzbojar im Musenhain" mit den Kolleginnen am Arbeitsplatz einen kollektiven Orgasmus erlebt: „sie verdreht die augen wie eine sodomierte nonne". Oder Herr Alois Schaffranek, der Woche für Woche – nachdem er sich mit dem „Philishave" rasiert hat – beim geliebten Häferl Milchkaffee Liebesbriefe schreibt.

Oder die Frau Marous, die Hans Carl seit seiner Schulzeit kennt. In ihre Tee- und Likörstube ist er später gerne um einen doppelten Korn gekommen – *für den rauhen Hals.* Seit eh und je steht Franciska Marous „… wie eine schöne, 60-jährige, kupfergesichtige Sonne vor den Wunderregalen. Hinter ihr stehen die frischgewaschenen Stamperl wie ausgerichtete Soldaten. Und es schillert in allen Farben eines gewaltigen Rausches … fichtennadelgrün, waschblaublau, griotterot, kaiserbirngelb, sliwowitzblond … in znaimerisch großen Gurkengläsern lauert der Angesetzte, Nussstückerln und Tannensprösslinge schwimmen wie ein sommerfauler Fisch an einem heißen Augusttag, der im Aquarium der Frau Tant' seine Mittagspause hält. Auf der Budel stehen griffbereit der wohlfeile Korn und eisklarer Kümmel, nicht weitab davon träumt eine Flasche Kranawetten-Schnaps, den einfachere Menschen gewöhnlich Gin titulieren …"

Und schon knapp nach der ersten Straßenbahn kann man hier die Stammgäste am *Busen der Budel* von Franciska Marous stehen sehen: „Anrainende Pfründner, schläfrige Nachtwächter und der Herr Polier", der hier seine wichtigsten Direktiven ausgab. Immer nach dem fünften Achterl Negus rief er von der Schwelle der Frau Marous fröhlich seinen Mitarbeitern zu: ‚Kumts eina, meine Herrn, heit schreim mar an Regndog; es seids meine Gäst!'"

Und man darf ein liebenswertes Original, einen alten Freund Artmanns, nicht vergessen: den Lebenskünstler Peperl Novák, der als *Herr Bobby von Breitensee* für Furore sorgte. Es war im Sommer 1935, Hans Carl und seine Freunde trugen bereits pflaumenblaue Homburgs und rauchten Zigaretten mit bunten Mundstücken, „… da wir bereits vierzehn waren". Zu dieser Zeit änderte einer dieser Freunde, Peperl Novák, seinen Namen in Bobby Grey, gab sich für sein Alter schon ziemlich weltmännisch und begann als Assistent bei einem Detektiv zu arbeiten. Das Vorstadt-Detektivunternehmen ging nach kurzer Zeit ein, Mister Grey aus Breitensee musste seinen Beruf wechseln. Er nahm Stepp-Unterricht, fand eine entzückende Partnerin – „und nicht lange darauf besaß Wien seinen eigenen Fred Astaire. Dieserart verlor ich meinen Freund, den späteren großen Grey, aus den Augen", berichtet Artmann. Bobby gastierte in Lodz und Monte Carlo, Podersdorf, Leitmeritz oder Lausanne, „entschwand meinen Augen wie ein prächtiger Luftballon".

Als Artmann nach dem Krieg wieder in Wien war, traf er Freund Bobby mit einem Kinderwagen voller Eschenholz. „Was ich in d' Hand nimm, wird Gold", meinte er. „Da hab i ma jetzt a zehn Jahr altes Holz verschafft, leicht wie Bettfedern. I hab a ganz spezielle Erfindung. Etwas, was no nie da war! I bau' mir jetzt beim Dworschak hinten in der Werkstatt ein paar Stelzen und geh damit auf Tournee. A neue Partnerin hab ich auch wieder, die alte is' mir schon z' alt. Nächste Woche kannst uns im Franzosen-Kino in der Breitenseer Kaserne sehn."

Und er reichte Freund Artmann seine Karte:

BOBBY GREY & LILLIAN

Step- & Tricktanz auf Stelzen

Bobby und Lillian eilten auf ihren Stelzen von Triumph zu Triumph, ihr Ansehen stieg von Tanz zu Tanz. Und wieder einmal verlor Artmann seinen Freund aus den Augen. Bis eines Tages ein mächtiger Straßenkreuzer neben ihm hielt: „Ich drehte mich um, weil ich dachte, vielleicht ist's irgend so ein Filmproduzent, der mich engagieren und meinem Elend sozusagen entreißen möchte. Aber weit gefehlt! Es war Bobby! Fröhlich erklang die liebe, alte Stimme aus dem Inneren der Luxuslimousine: ‚Servus, Hansi, alte Hütten, geh nur net so arrogant vorbei!' – ‚Sakramentnoamal', entfuhr es mir, ‚wann ich in meiner verpfuschten Jugend doch nur steppen gelernt hätt', zumal noch auf Stelzen, dann fahrert ich jetzt auch mit so an Wagerl wie du!' ‚Wer sagt dir denn, dass ich noch tanzen tu', meinte gut gelaunt Bobby Grey. ‚Ich bin vor drei Jahren in die Industrie eingestiegen, Krampfadern und Stepptanz sind feindliche Brüder, weißt.' Bobby reichte mir seine büttenpapierne Karte:

JOSEPH E. NOWACK

Generalvertreter

Stöttinger Ges.m.b.H Büromaschinen

‚Wann's du einmal eine Vervielfältigungsmaschine für deine Gedichter brauchst, dann ruf mich an. Bei mir kriegst sie um 25 Prozent billiger, weil's d' ein alter Freund bist. Und ich hab halt immer noch ein Herz für d' Kunst.'"

KEINE KERZEN, KEINE KOHLEN – ABER HOFFNUNG

Stalin-Spenden, Schleichhandel und die Vier im Jeep

Im November 1940, im Alter von 19 Jahren, wird Artmann zur deutschen Wehrmacht eingezogen (6. Infanterie-Ersatzbataillon II/131, Engerau) und im Fronteinsatz mehrfach verwundet. Nach einem Oberschenkel-Durchschuss im Sommer des Jahres 1941 muss er neun Monate im Lazarett verbringen. 52-prozentige Invalidität.

Danach zweieinhalb Jahre Strafkompanie. Dem Frontdienst entzieht er sich immer wieder durch Desertion. Nach seiner Ergreifung und Verurteilung wird er im November 1942 der gefürchteten „Wehrmachtsgefangenenabteilung Hugoslust" zugeteilt. Ab dann bleibt Artmann in den Fängen der Wehrmachtsjustiz.

Nach dem Aufenthalt in einem schlesischen Gefangenenlager wird er im Mai 1943 der an der Ostfront eingesetzten „Gefangenenabteilung 13" zugeteilt. Ein Jahr später verschlägt es ihn als Häftling ins Elsass, wo er erneut desertiert und nach Wien flieht. Nach seiner Ergreifung wird Artmann einmal mehr einer Gefangenenabteilung zugeteilt, mit der er kurz vor Kriegsende bei Regensburg zu den US-Truppen überläuft.

In Regensburg durfte er „die Bibliothek eines Gelehrten auslesen". Todesangst und die mehrfach vereitelten Fluchtversuche sind vorbei: „Mein Gott, ich bin nur mit Mühe und Not davongekommen. Ich bin mit anderen Fahnenflüchtigen praktisch schon in der Todeszelle gesessen. Ich hab mich von Frankreich bis nach Wien durchgeschlagen. In Salzburg haben sie mich einen ganzen Monat festgehalten, dann haben mir liebe, geistliche Schwestern geholfen abzuhauen … außerdem glaub ich, habe ich eine gute Fee gehabt, die auf mich aufgepasst hat."

Am 12. April 1945 – knapp bevor er von amerikanischen Soldaten entwaffnet wird – verfasst er auf einer Zwischenstation während des Transports nach Hause sein erstes Gedicht. Eine Liebesballade, „nach chinesischem und japanischem Vorbild". Der 24-jährige Artmann widmet es der Tochter eines Müllers. Hans Carl hat das Mädchen, „… eine Unschuld vom Lande", in Hollabrunn getroffen.

Nur ein paar Stunden verbringen der Kriegsheimkehrer und das Mädchen zusammen. Er muss weiter. Auf der Pritsche eines Lastwagens schreibt er während der Fahrt mit Tintenblei mehrere Gedichte. Gewidmet der blassen jungen Freundin aus Hollabrunn. Das erste Gedicht steht am Anfang der Sammlung aus dem Jahre 1969 „ein lilienweißer brief aus lincolnshire":

> … laurieselnder Regen, da trug ich
> im Herzen sehnendes Verlangen …

Am Tag, bevor H. C. Artmann sein erstes Gedicht schreibt, tobt die *Schlacht um Wien*. Es kommt zu letzten Erschießungen von Juden durch SS-Kommandos. Im Morgengrauen nehmen Soldaten der „Roten Armee" im Handstreich die Reichsbrücke ein. Am 13. April sind die Kämpfe beendet, die Stadt befreit, die letzten Reste der deutschen Truppen ziehen sich an das Nordufer der Donau bei Wien zurück. General a. D. Theodor Körner wird Bürgermeister von Wien. Adolf Hitler erklärt während einer Lagebesprechung den Krieg für verloren.

Österreich wird durch die alliierten Streitkräfte befreit. Bei ihrem Vormarsch durch das wiederauferstandene Österreich retten die amerikanischen Truppen die Häftlinge mehrerer Konzentrationslager. Die meisten Inhaftierten sind dem Hungertod nahe. Viele sterben trotz sofortiger Hilfsmaßnahmen in den folgenden Tagen an Erschöpfung und Unterernährung.

Am 23. April erscheint die erste Ausgabe der Tagezeitung

„Neues Österreich". Auf der Titelseite liest man: „Österreicher! Zum ersten Mal seit sieben Jahren dürft ihr nun wieder in aller Öffentlichkeit mit diesem uns allen so teuren Namen angesprochen werden. Die von Millionen Menschen unseres Vaterlandes so lange und so heiß ersehnte Stunde der Befreiung von der nazistischen Zwangsherrschaft ist gekommen."

Am 9. Juli 1945 wird Österreich in vier Besatzungszonen aufgeteilt. Die *Vier im Jeep*, die Militärpolizei-Streife der Alliierten, werden pittoresker Teil des Stadtbildes. Zwischen der hungernden Bevölkerung und den Schmugglern, Schleichhändlern, Spionen und Schiebern, die es *sich gerichtet haben.* Tag und Nacht patrouilliert das illustre Quartett im Jeep durch Wien.

Die einzelnen Geheimdienste der Besatzer wachsen von Woche zu Woche an, immer größere Gebäude werden für die Militärpolizei- und Nachrichtendienst-Einheiten besetzt. Die Russen blockieren fast den gesamten Brahmsplatz und mehrere Häuserblocks in der Argentinierstraße. Sie sollen in Wien mehr als 2500 Agenten im Einsatz haben – viermal so viele wie die Amerikaner.

Der Schriftsteller Franz Theodor Csokor kehrt in den Reihen der Alliierten nach Wien zurück. In einem Brief an einen Freund in New York schreibt er im April 1946: „So kamen wir zur Innenstadt, Fahnen wehten uns entgegen, traurigen Siegern, die in den Ruinen ringsum bestätigt sahen, wovor sie schon 1938 vergeblich gewarnt hatten … und nun sah ich etwas, das schlug mir flach aufs Herz: im düsteren Zwielicht der Stephansdom mit eingestürztem Dach, und die Häuser herum in Schutt, Haufen von Ziegeln auf der Kärntnerstraße … die Oper stand enthauptet, auch das Burgtheater, und Bombentrichter spalteten die Albrechtsrampe und hinter ihr die Albertina, und ihnen gegenüber verwesten unter dem eingedroschenen Philippshof im Luftschutzkeller Hunderte erstickter Leichen."

Als die amerikanische Militärpolizei bei einer Routineüberprüfung vom schmächtigen Hans Carl Artmann, eine Woche, nachdem er sein erstes Gedicht geschrieben hat, seinen Beruf wissen will, antwortet er: „Writer".

Überall mangelt es am Nötigsten. Lebensmittel sind kontingentiert, 840 Kalorien pro Tag für „Normalverbraucher" vorgesehen. Das „Untergewicht der Wiener Bevölkerung" wird amtlich registriert: „Bei alten Leuten 30 kg, bei Schulkindern bis zu 50 Prozent des Normalgewichtes. Die Sterblichkeit ist doppelt so hoch wie in der Vorkriegszeit!" Die Nothilfe- und Wiederaufbauverwaltung der Vereinten Nationen UNRRA erklärt, dass Österreich zu jenen Völkern der Welt zählt, die dem Niveau des Hungertodes am nächsten seien. Man bemühe sich, die schlimmste Not im Land zu mildern. Und auch die Zeitschrift „The World Today" beschreibt, wie die ersten britischen Offiziere von der Situation in Wien erschüttert sind: „Die Menschen wirken abgezehrt und teilnahmslos. Überall Scharen hungernder, schäbig gekleideter Wiener, die stillschweigend vor den Plakaten stehen, auf denen die Erhöhung der Lebensmittelrationen bekanntgegeben wurde."

Von den Alliierten gibt es mit den amerikanischen „Care"-Paketen im Wert von mehr als einer Milliarde Schilling in fünf Jahren und Vorräten der Sowjet-Armee – sogenannten *Stalin-Spenden* – zusätzliche Lebensmittel-Zuteilungen: Mit Rosinen *verfeinertes* Rindfleisch und die „Silver Hake"-Dosen der Yankees. Seehecht mit Köpfen, Gräten und Flossen in einer wässerigen Lake *konserviert*. Beim Öffnen der Dosen starren einem die Fischaugen entgegen. Und auch die größtenteils wurmigen Bohnen und Erbsen der Russen sind keine Delikatesse. Doch man wird satt. Gerüchten zufolge verwendet man die zu lange gelagerten Fische in Amerika nur als Futter für Schlittenhunde ... Die vertrockneten Stalin-Hülsenfrüchte werden sogar literarisch verewigt, von Fritz und Otto Molden, den Söhnen der Widerstandskämpferin und Textdichterin der österreichischen Bundeshymne, Paula von Preradovic. Statt der Anfangszeilen:

Land der Berge, Land am Strome,
Land der Äcker, Land der Dome,
Land der Hämmer, zukunftsreich!
Vielgeliebtes Österreich!

der „feierlich, doch nicht zu langsam" zu singenden Hymne, heißt es bei den Brüdern Molden abgewandelt:

Land der Erbsen, Land der Bohnen,
Land der vier Besatzungszonen.
Wir verkaufen dich im Schleich,
Vielgeliebtes Österreich!

Denn der Schleichhandel blüht. Die Preise auf dem Schwarzmarkt betragen für Mehl das 188-Fache, für Zucker das 390-Fache und für Schmalz das 463-Fache des amtlichen Preises. In der Zeitung „Welt am Abend" liest man von „fachlichen Schätzungen", wonach monatlich „15 Waggons Bohnenkaffee am schwarzen Markt verschachert werden". Ein Packerl filterlose „Chesterfield"-Zigaretten kostet *im Schleich* so viel wie das durchschnittliche Monatsgehalt eines Angestellten. Im Resselpark am Karlsplatz – dem wichtigsten Umschlagplatz für den schwarzen Markt – bekommt man auch Güter aus Armeebeständen. Soldaten bieten folgendes an: Benzin und Bettdecken, Champagner, Feuersteine und Präservative, amerikanische Nylonstrümpfe und russischen Wodka.

Aber nicht nur Kleinigkeiten gehen hier um Dollars und Schweizer Franken *im Schleich* von Hand zu Hand. Das „Neue Österreich" berichtet: „Hier wird alles verschachert. Kisten und Tonnen voller Lebensmittel, Gold, Valuten und vielkarätige Brillanten, Perserteppiche, Bilder und Antiquitäten – sogar Villen und Fabriken …"

Die nächste Stufe des Schwarzhandels reicht bereits in die international organisierte Kriminalität. In „Schwarzmarkt-

Restaurants" und Tanz-Cafés treffen sich g'standene Wiener *Pülcher* mit ausländischen professionellen Schiebern. Im Hinterzimmer. Dort – wo nachts bei verbotenen Glücksspielen *Galeristen* versuchen, ihrer Existenz eine neue Grundlage zu geben. Hier bieten die Schmuggler und Schleichhändler, bei Boogie-Woogie-Untermalung von draußen, fast alles an: gefälschte Papiere und Penicillin, Kokain und Morphium, amerikanische Straßenkreuzer, russische Waffen und deutsche Jagdflugzeuge.

Und während in den Hinterzimmern Geschäfte gemacht werden, blüht in den Tanz-Cafés vorne die Prostitution. „Ami-Huren" werden die Wiener „Bräute" der US-Soldaten genannt, die vor allem an den Tagen der Soldauszahlung die amerikanischen Kasernen und Klubs umlagern. Bei Jazz- und Jitterbug-Rhythmen, dem „Flat Foot Floogie", Sinatra-Songs und am frühen Morgen auch *L'amour-Hatschern,* kommt man sich dann sehr rasch sehr nahe. Vereinzelt ist auch Liebe dabei, die in manchen Fällen sogar in einer späteren Hochzeit gipfelt. In Chicago oder Connecticut, Dallas oder Denver.

Die Realität im Nachkriegs-Wien ist trist: 186.000 Wohnungen sind durch Bomben zerstört. Mehr als 5000 Bombentrichter haben die Straßen zerstört. Brücken und Bahnüberführungen sind von der Wehrmacht auf ihrem Rückzug zerstört worden. Die Versorgung mit Wasser, Gas und Strom, der Wiederaufbau gehen nur schleppend voran.

Wenn man kochen will, muss man aufmerksam die Zeitung studieren. Ein Aufruf an die Bevölkerung, der volle Konzentration erfordert: „Ab heute werden vormittags die Kabelgruppe B, Gleich- und Drehstrom, sowie die bisher von Abschaltungen ausgenommene Hälfte der Kabelgruppe C abgeschaltet. Nachmittags kommt dann die Gleich- und Drehstromkabelgruppe A und die andere Hälfte der Kabelgruppe C zur Abschaltung. Schichtwechsel: 13 Uhr."

Zwischendurch gibt es auch erfreuliche Verlautbarungen: „Die Stromsparmaßnahmen bleiben aufrecht – aber anlässlich des Leopoldifestes gelangen in Wien und Niederösterreich in der laufenden Versorgungsperiode auf der Lebensmittelkarte drei Viertel Wein oder eine Bouteille an alle Verbraucher über 18 Jahren zur Ausgabe …"

Zehntausende *Verbraucher* leben unter unmenschlichen Umständen. Viele ohne Wohnung. Sie schlafen auf fremden Gängen oder Gartenbänken, in Hausfluren oder unter Brücken. Sie trommeln frierend mit den Beinen auf den Boden, um sich ein wenig zu erwärmen. Statt Socken haben sie oft nur Fetzen um die Füße gewickelt. Und manche richten sich in den zerbombten, menschenleeren Ruinen auf einem Stück zerschlissenen Teppich ein Schlaflager für die nächste Nacht ein.

Hunger, Verzweiflung und apokalyptische Bilder prägen die zerbombte Stadt. Noch am 16. März 1945 hatte der damalige Wiener Bürgermeister, SS-Brigadeführer Johann Blaschke, verkündet: „Je größer die Zerstörung unserer Städte, desto unbesiegbarer werden wir … Hunger, Ruinen und Asche sind die Garanten unserer Größe!"

Die Bevölkerung versucht zu vergessen. Die ersten Friedenstage nach Krieg und Terror der Nazi-Diktatur sind auch von vorsichtigem Optimismus getragen. Obwohl jeder neue Tag einen neuen Kampf ums Überleben bringt, hilft das Zurückerlangen der Freiheit, die Hoffnung in das „neue, junge Österreich" (Leopold Figl), Grauen und Tristesse der letzten Jahre zu verdrängen.

Am Nachmittag des 24. Dezember 1945, acht Monate nach Ende des Zweiten Weltkriegs, baut man Bundeskanzler Leopold Figl ein Mikrofon auf. In seiner Radio-Rede lässt er in drei Sätzen, die zu den meistzitierten Österreichs wurden, keine Zweifel an der tristen Aussicht für die Zukunft: „Ich kann euch zu Weihnachten nichts geben. Ich kann euch für den Christbaum, wenn ihr überhaupt einen habt, keine Kerzen geben. Kein Stück Brot, keine Kohlen zum Heizen, kein Glas zum Einschneiden. Wir haben nichts. Ich kann euch nur bitten: Glaubt an dieses Österreich!“

Bereits drei Tage zuvor verkündet Leopold Figl in seiner Regierungserklärung: „Auf den Christbäumen, so wir welche haben, wird ein schönes Päckchen voll Sorgen hängen“, doch „die Kerzen leuchten in einem neuen demokratischen Österreich … nun wollen wir an die Arbeit gehen … für den Neuaufbau unseres geliebten Österreichs.“

Zum Feiern fehlt während der Weihnachtstage des Jahres 1945 viel. Knapp davor war es nicht einmal sicher, ob es noch Brot geben wird. Es herrscht Aufbruchsstimmung, obwohl die Freude über den Frieden nicht vorbehaltlos sein kann: Fast alle Familien beklagen Gefallene oder Vermisste. Doch der Weg in eine bessere Zukunft wird freigeräumt. Vor allem von den *Trümmerfrauen.* Jener Generation einsamer Frauen, deren Männer im Krieg gestorben oder noch in Gefangenschaft sind. Sie beginnen, Geröll aus den Wohnungen und Schutt von den Straßen zu schaffen und die glaslosen Fenster mit Pappendeckeln zu vernageln. Während sie ihre unterernährten Kinder versorgen, gegen Kälte und Krankheiten ankämpfen. Und Vergewaltigungen ausgeliefert sind.

Wodka und Whisky machen aus ukrainischen Bauernburschen oder milchgesichtigen US-Soldaten wüste Rabauken. Allein in den Spitalsbüchern von Wien und Niederösterreich sind 80.000 Frauen vermerkt, denen Gewalt angetan wurde. In Pfaffstätten soll fast die gesamte weibliche Bevölkerung geschändet worden sein. Die 14-jährige Marie W. aus der Leopoldstadt schreibt in ihrem Tagebuch: „Ein Russe vergewaltigte mich am hellichten Tag auf der Ladefläche eines LKW. Ich zitterte am ganzen Körper, weil ich glaubte, er würde mich erschießen. Aber es kam anders. Er nahm meine Uhr und verschwand …“

Das Wiederfunktionieren des Alltags tröstet über grauenhafte Erlebnisse hinweg. Bald verkehrt die Straßenbahn wieder –

vorerst von Meidling bis Währing, im zwölfseitigen ersten Telefonbuch nach dem Krieg findet man ein paar hundert Telefonnummern. Und auch wenn man aus der Zeitung von der unglücklichen 2:0-Niederlage der österreichischen Fußball-Nationalmannschaft gegen den *Erzrivalen* aus Ungarn erfahren muss, ist man froh, dass das tägliche Leben wieder an Normalität gewinnt.

Schulen und Universitäten nehmen in ungeheizten Räumen bald wieder ihren Betrieb auf. Auch das kulturelle Leben kommt wieder in Gang. Während an manchen Stellen in Österreich noch erbitterte Kämpfe toben, musizieren schon die Wiener Philharmoniker unter dem Dirigenten Clemens Krauss im Konzerthaus. Die Wiener Staatsoper gibt sich im Redoutensaal der Hofburg mit „Wiener Blut" die Ehre, in das Theater in der Josefstadt ist der unverwüstliche „Hofrat Geiger" heimgekehrt.

Und bereits am 30. April 1945 nimmt das Ensemble des Burgtheaters im Ausweichquartier, dem „Etablissement Ronacher", seinen Spielbetrieb mit Grillparzers „Sappho" wieder auf. Ein eleganter, schlanker Herr mit seitlich hochgezwirbeltem Schnauzbart und klarer, schöner Stimme fungiert als Statist. Als *Edel-Statist*, der an der Seite von „Mephisto" Albin Skoda und „Faust" Ewald Balser manchmal sogar Stichworte geben darf. Hans Carl Artmann: „Zwölf Schilling hab ich pro Abend Honorar bekommen. Pro Satz, den ich sprechen durfte, zwei Schilling mehr. Die Schauspieler hatten zwischen 300 und 700, Balser und Skoda bekamen als die Publikumslieblinge 800 Schilling Gage pro Monat. Vorbild für uns alle war Käthe Gold, die war so diszipliniert. Auch neben ihr, später im Akademietheater, neben dem Aslan und der Bleibtreu, hab' ich damals statiert. Und an eine Jungschauspielerin mit einem hübschen Wiener G'sichterl kann ich mich noch gut erinnern. Sie hat im ‚Nathan' eine winzige Rolle gespielt, später dann auch die Hermia im Sommernachtstraum. Die Elfi Ott. Die war damals herzig … und der Fred Liewehr, der war immer durstig. Überall in der Dekoration hat ein Viertel Weiß für ihn stehen müssen …"

Im Publikum sitzt oft die stolze Mama Marie Artmann. Und fleht ihren Buben an, nicht so zu brüllen: „Du wirst ma no' ganz heiser …" Zuvor hatte er „um es meinem großen Vorbild Albin Skoda zu zeigen", lautstark „Ich brenne, ich brenne!" … in den Zuschauerraum des Ronacher gebrüllt. Fast zwanzig Jahre später, in Berlin, „war ich kurz mit der Traudl, der ehemaligen Freundin vom Skoda liiert. Sie hat ihn damals immer noch angebetet – wie einen Himmelvater – und hat immer ein Bild von ihm stehen g'habt. Mir ist das auf die Nerven gegangen, ich hab' sie dann bald rausg' haut. ‚Du bist ein Rohling', hat sie zum Abschied geschrieen …"

Im chaotischen Wien der Nachkriegszeit ist das Verlangen nach Kultur und Vergnügen groß: Buchhandlungen, Kunstgalerien und Kabaretts, Film-, Schallplattenproduktionen und Nachtetablissements werden gegründet. 1947 gibt es in Wien bereits mehr als 20 Theater, 16 Varietés und fast 100 Tanz-Cafés. In den ersten drei Jahren nach Kriegsende sind bereits 2000 Bücher verlegt worden. Und mehr als 800 periodische Blätter, darunter neun Tageszeitungen, erscheinen. Die Secession wird wiedereröffnet. *Fundamentale* Verdienste um die Künstlervereinigung haben Alfred Hrdlicka und Rudolf Schönwald, die für fünf Schilling Stundenlohn die Fundamente der Secession freilegen.

WAS HALTEN SIE VON JAMES JOYCE?

Der Dritte Mann, der g'schupfte Ferdl und der Journalist Johannes Mario Simmel

Bald kann man in fast 200 Kinos neben amerikanischen, englischen und französischen auch die ersten österreichischen Filme sehen. Bereits unmittelbar nach Kriegsende, im Dezember 1945, wird der „Wien-Film-Sievering" die Lizenz erteilt und die Produktion heimischer Filme beginnt. Die Dreharbeiten gestalten sich schwierig, quer durch alle Zonen der Alliierten: Der Rosenhügel ist russisch, die Produktionsleitung in der Siebensterngasse und Sievering amerikanisch, das Schönbrunn-Atelier englisch und das Filmarchiv liegt in der französisch besetzten Zone in Penzing.

Trotzdem entstehen auch unter schwierigsten finanziellen Bedingungen später als Klassiker anerkannte Filme wie „Der Prozess" von G. W. Pabst oder „Der Engel mit der Posaune", jener „Beitrag zur Psychologie der politischen und seelischen Trümmerfilme" – am Beispiel einer Wiener Klavierbauerfamilie wird virtuos ein Kapitel der europäischen Geschichte, des untergehenden Österreichs, erzählt. Vom Selbstmord des Kronprinzen in Mayerling bis zum „Anschluss" an das nationalsozialistische Deutschland.

Beide österreichischen Filme werden bei der Biennale in Venedig ausgezeichnet. In „Der Engel mit der Posaune", nach dem gleichnamigen Roman von Ernst Lothar, spielen Attila Hörbiger und Oskar Werner, Maria Schell und in der Hauptrolle Paula Wessely. Die Kritik in der „Welt am Abend" vom 18. Oktober 1948 mit dem Titel „Mutter Austria und ihre Kinder": „Ein tief pessimistischer Film vom Untergang Österreichs mit einer wahrhaft großen Schauspielerin im Mittelpunkt."

Karl Hartl, der Regisseur des Films, wird von Lady Montague, einer Film-Pressebetreuerin aus London angerufen. Regisseur Carol Reed und der Schriftsteller Graham Greene, der auch Drehbücher schreibt, haben den „Engel mit der Posaune“ gesehen und sind von der dichten Darstellung des Wiener Milieus begeistert. Die beiden wollen schon bald selbst einen Film im bizarren Schwarzmarkt-Milieu des Nachkriegs-Wien drehen. Die Geschichte vom Penicillin-Fälscher Harry Lime, der sich im russischen Sektor der Stadt vor der Exekutive retten kann und schließlich unter der Erde den Tod findet: im Reich der Ratten des Wiener Kanalnetzes. Karl Hartl soll bei der Vorbereitung für den Film vor Ort helfen.

Schon bald kommen Carol Reed und Graham Greene nach Wien. Und saugen die Atmosphäre der Stadt auf. Der ehemalige Spion und ewige Kandidat für den Nobelpreis Greene befragt Hartl wie ein Reporter. Wie die Stimmung in der Bevölkerung, das Verhältnis der Besatzungsmächte untereinander sei und wie der Schleichhandel funktioniere. Der Drehbuchautor und sein Regisseur lassen sich das Riesenrad und die zerbombten Häuser der Innenstadt zeigen und landen schließlich im weit verzweigten Kanalnetz der Stadt. Abends entspannt man sich in Erotikclubs wie dem „Maxim“ oder dem „Oriental“.

Und einmal bringt Karl Hartl seine Gäste zu einem kleinen Heurigen in Sievering. Hinten in der Ecke sitzt ein Mann, der auf einer Zither zupft und Wienerlieder spielt: Anton Karas. Carol Reed ist vom Klang des fremden, exotischen Saiteninstruments sofort fasziniert. Am nächsten Tag bittet der Regisseur den Musiker ins Hotel Astoria. Vier Stunden lässt er Karas auf seiner Zither musizieren. Erschöpft – fast schon im Weggehen – spielt Anton Karas noch einen *Drüberstrahrer*: dadadadada dada. Der Beginn des „Harry-Lime-Themas“ erklingt zum ersten Mal.

Die Premiere des Filmes „Der Dritte Mann“ mit dem eindringlichen, melancholischen Soundtrack des Zitherspielers aus

Sievering wird ein sensationeller Erfolg. Und das Werk mit der Musik des unbekannten Heurigenmusikers, der als Achtjähriger am Dachboden der Großmutter die alte Zither entdeckte, erhält den „Großen Preis von Cannes". Anton Karas, der unscheinbare kleine Mann mit der dicken Brille, der eher wie ein biederer Buchhalter aussieht als ein Entertainer, ist über Nacht ein *gemachter Mann.* Zunächst holt ihn Carol Reed nach London. Dort spielt er sein dadadadada dada in fashionablen Privat-Clubs. Ein livrierter Diener trägt ihm die Zither auf einem Samtkissen nach.

Anton Karas erlangt Kultstatus. Die englische Königin zeigt Interesse an dem exotischen „Musician from Austria" und bittet ihn in den Buckingham-Palast. Und auch Premierminister Churchill empfängt ihn. Auftritte auf fünf Kontinenten folgen, in Shows von Hongkong und Kapstadt, Las Vegas und New York, auf Luxusdampfern und in einer Privataudienz vor Papst Pius VII. Der ehemalige Werkzeugschlosser aus Wien-Brigittenau ist mit mehr als fünf Millionen verkauften Harry-Lime-Schallplatten zu einem weltberühmten Musikstar aufgestiegen.

Durch einen früheren Freund aus Breitensee, der für Alexander Kordel, den Produzenten des „Dritten Mann", als Chauffeur arbeitet, erhält H. C. Artmann die Chance, im Film – neben den Stars Joseph Cotten, Trevor Howard und Orson Welles – und den heimischen Lieblingen Annie Rosar und Paul Hörbiger, die das Portiers-Ehepaar spielen – mitzuwirken. Dass er *Darsteller des Burgtheaters* ist, hat die Briten beeindruckt.

Doch die kurze Szene mit dem ambitionierten Kleindarsteller Artmann, der den Satz „Was halten Sie von James Joyce?" zu dialektgefärbt bringt, wird rausgeschnitten. Hans Carl Artmann, der später auch Chef der Komparserie im von den sowjetischen Besatzern finanzierten „Scala-Theater" in der Favoritenstraße ist, beendet seine kurze Karriere als Bühnen- und Filmdarsteller.

Er beginnt für die Amerikaner als Dolmetscher zu arbeiten. Und kann nebenbei auf einer der wenigen Schreibmaschinen, die es damals in Wien gibt, auch Gedichte schreiben. Artmann verdient im US-Büro der „Military Police 796 MP" in der Lerchenfelder Straße kurzfristig viel Geld – 120 Schilling pro Woche: „Plötzlich war high life angesagt. Doch danach lebte ich mehr als zehn Jahre lang von der Arbeitslosen-Unterstützung. Dreiviertel des Geldes, das ich bekommen hab', hat immer die Mama gekriegt. Von ihr hab ich ja immer *Mäusegeld* bekommen, sie hat mich ja dauernd verköstigt, und noch dabei draufgezahlt."

Der damals unbekannte Journalist und später gefeierte Bestsellerautor Johannes Mario Simmel löst Artmann als Dolmetscher bei den Amerikanern ab. Simmel, der kurzfristig auch bei der von der französischen Besatzungsmacht herausgegebenen Zeitung „Welt am Abend" als Leiter der Kulturredaktion fungiert, bringt auch Artmann und dessen späteren langjährigen Freund Helmut Qualtinger das erste Mal zusammen.

„Quasi", der scheue, oft verlegene, und H. C., der sich gerne verwegen gebende Mensch, verstehen sich auf Anhieb. Nur einmal „kommt es wegen einem rothaarigen Mädchen, das meine große Liebe war", im „Espresso Stambul" am Fleischmarkt zu einem Streit, weil sie dem feschen, schlanken Artmann „dauernd schöne Augen mache", berichtete Qualtinger.

Die Freundschaft der beiden sollte fast vier Jahrzehnte halten. Man plante viel. Gemeinsame Filme, Lesungen und Theaterauftritte. Wenig wurde realisiert. Auch nicht die Idee, Friedrich Dürrenmatts Kurzgeschichte „Der Tunnel" zu verfilmen. Mit Artmann als Lokomotiv-Führer und Qualtinger als Fahrgast.

Für den aufstrebenden Dichter war Helmut Qualtinger über viele Jahre der Vermittler zwischen zwei Gruppen. Einerseits die arrivierten Kabarettisten rund um den Freund „Quasi" wie Gerhard Bronner, Georg Kreisler und Carl Merz, die nach dem ersten großen Erfolg mit dem Programm „Brettl vor'm Kopf" schlagartig bekannt wurden. Andererseits die schriftstellerische Avantgarde um Artmann, die nur ignoriert oder milde belächelt wurde.

Für Qualtinger war Artmann jedenfalls der „Luther der Wiener Sprache".

Die Kabarett-Revue „Brettl vor'm Kopf", die 1952 im Theater in der Liliengasse Premiere hatte, erinnerte an die legendären Kleinkunstprogramme der Zwischenkriegszeit des „Lieben Augustin" und der „Literatur am Naschmarkt". Bei beiden wirkte schon Carl Merz mit, der auch bei den Kabaretts mit Qualtinger & Co der wichtigste Autor war. Vom ersten Tag an wird das Programm zum Stadtgespräch. Mehr als hundert Vorstellungen sind restlos ausverkauft, Karten werden zu horrenden Preisen *im Schleich* verkauft. Qualtinger und seine Partner verdienen 100 Schilling pro Abend.

Das Publikum ist vor allem von Helmut Qualtinger, der sich selbst gerne als „Menschenimitator" bezeichnet, begeistert. Neben den Wiener Kritiker-Päpsten Hans Weigel und Friedrich Torberg kommt eines Abends auch Alfred Polgar in das kleine Theater in der Liliengasse. Auch für ihn ist Qualtinger der virtuose Star des Teams: „Ein glänzender, umwerfend komischer Kabarettist." Mit dem „g'schupften Ferdl" aus dem Programm „Brettl vor'm Kopf" – als Synonym für Ratlosigkeit und Unruhe der ersten Nachkriegsgeneration – sprengt Helmut Qualtinger den Rahmen der Kabarettbühne: Sein Lied vom „g'schupften Ferdl" wird auch in den Wurlitzern der Vorstadt-*Tschocherl*n gespielt. Zwischen fetzigen Boogies, schmalzigen Seemannsliedern wie „Nimm mich mit, Kapitän, auf die Reise" (Hans Albers) und Schlagern wie „Ich hab' mich so an dich gewöhnt" (Bully Buhlan).

Artmann und Qualtinger. Zwei Künstler, die immer den Mut hatten, Tabus zu brechen, und so lebten, als gäbe es die bürgerliche Gesellschaft nicht. Zwei zersetzende Patrioten. Sie haben sich in Österreich – obwohl sie dieses Land geliebt haben – zumeist wie Fremde unter Fremden gefühlt. Für H. C. Artmann war Helmut Qualtinger nicht nur der Kabarettist und Schmähführer, als der er von vielen bis zu seinem Tod abgestempelt wurde, sondern

„primär ein wirklicher Humanist und der Belesensten einer. Und unbestritten die beste Verkörperung des wirklichen Wienertums seit dem Tode Nestroys." Ein präziser Beobachter der österreichischen Seele. Und ein Seismograf der Wiener Mentalität, viele erkennen in ihm auch einen Nachfolger von Horváth und Karl Kraus.

Ende der 1940er-Jahre ist Helmut Qualtinger als gefürchteter Buch-, Film-, Kabarett- und Theaterkritiker „Hans Helmut" unter Johannes Mario Simmel, dem Kulturchef der „Welt am Abend", tätig. Zu dem Pseudonym forderte ihn der Chefredakteur, der Berliner Bremer, auf: „Man heißt nicht Qualtinger, wenn man etwas werden will …"

Im Juli 1986 erzählt mir Johannes Mario Simmel vom chaotischen Nachkriegs-Wien. Bei Tee mit Milch, in der „Fürsten-Suite" des Hotels Imperial – dort, wo früher die Präsidenten Nikita S. Chruschtschow und John F. Kennedy oder der Schah von Persien residierten: „Es war die wildeste Zeit meines Lebens. Wir hatten nichts zu fressen, aber durch Schleichhandel konnten wir uns irgendwie über Wasser halten. Als Lager und Umschlagplatz diente ein Magazin in der Nähe des Donaukanals. Mein Glück war, dass ich mehrere Sprachen konnte und viele Leute kannte. Eines Tages lernte ich diesen Bremer kennen. In einem Kellertheater. Man spielte Horváths ‚Kasimir und Karoline'. Nachdem die ersten Aufführungen fast leer waren, beschloss man, von der Bühne aus, eine Rutschbahn ins Parkett zu installieren, auf der Louise Martini mit hochfliegendem Rock im Zuschauerraum landete. Von diesem Tag an waren alle Horváth-Vorstellungen restlos ausverkauft. Und auch Herr Bremer ging hinein. Er war früher Blattmacher der ‚Berliner Illustrierten'. Irgendwie hatte es ihn nach Wien verschlagen. Ich war der einzige Mensch, den er hier kannte – so wurde ich Journalist. Und Bremer machte mich gleich zum Leiter der Kulturredaktion der ‚Welt am Abend'. Von Redaktionsarbeit hatte ich zwar keine Ahnung, aber ich hatte viele Freunde. Regisseur Michael Kehlmann, den Journalisten Paul Popp, der die beste Hitler-Parodie der Stadt machte, und Helmut Qualtinger. Die drei wurden meine ersten Mitarbeiter. Ich kannte sie vom ‚Studio der Hochschulen', einer winzigen Studentenbühne. Im Kabarett ‚Die Grimasse' hab ich dort Qualtinger zum ersten Mal gesehen. Er war damals ein schmächtiges Bürscherl und tanzte auf einem Flügel."

„Ich musste täglich um sechs Uhr früh in der Zeitung zu arbeiten beginnen. Ich war damals ein gottbegnadeter Trinker, ein bis zwei Flaschen Schnaps pro Tag waren es sicher. Auf meinem Redaktionstisch stand schon in aller Früh eine Flasche Whisky, von der aber auch meine Mitarbeiter wussten. Jeden Tag musste ich um halb zehn rüber in die Druckerei am Fleischmarkt. Auf dem Weg von der Redaktion kam man in ein Durchhaus, in dem eine Weinstube war. Meist traf ich meinen Mitarbeiter Qualtinger hier. Bei einem *Achterl zum Aufwärmen*. Eines Tages brachte mir der Helmut eine bösartige, aber blendend formulierte Kritik über eine Priestley-Aufführung. Der Verriss endete mit dem Rat an die Direktion, die völlig unbegabte Hauptdarstellerin zu feuern. Sofort nach Erscheinen rief mich der Mann der Schauspielerin an – er konnte vor Erregung kaum reden – und stammelte immer wieder etwas von ‚schwanger'. Es stellte sich heraus, dass die Arme knapp vor der Niederkunft war und natürlich nicht mitgespielt hatte. Ich ließ mir Qualtinger kommen und beschimpfte ihn: ‚Du Sau, ich hab' jetzt einen Prozess am Hals. Warum warst du nicht drin in der Vorstellung?' Quasi darauf: ‚Weil ich das Stück eh kenn ...' Einige Tage später beichtete er mir, dass er sich über die Schauspielerin sehr gekränkt hatte, weil er sie *wirklich liebe* – und sie ihn verlassen habe", erzählte mir der spätere Bestsellerautor Johannes Mario Simmel Jahrzehnte nach seinen Anfängen als Journalist in Wien.

Als ob die österreichische Bundesregierung im Jahre 1950 keine wichtigeren Probleme zu lösen hätte, diskutierte man die Einführung eines „Gesetzes zum Schutze der Jugend vor Schmutz und Schund“. Am Höhepunkt der öffentlichen Debatte über sittliche Gefährdung der Jugendlichen erhält der verantwortliche Minister Felix Hurdes folgenden Brief:

Im Buchstaben **U**,
sehr geehrter Herr **U**nterrichtsminister H**U**rdes,
erblicken wir fortschrittlichen Schriftsteller
das Symbol für Schm**U**tz und Sch**U**nd,
beinhalten doch alle Wörter mit **u**nsittlicher,
unseriöser und **u**nschöner Bede**u**t**u**ng
diesen schon in seiner Form anstößigen Vokal.
Das **U** führt vom geistigen **U**nrat
über die Woll**U**st direkt zum L**U**stmord.
Wir fordern Sie,
sehr geehrter Herr Minister H**U**rdes,
daher auf, energische Maßnahmen gegen das Überhandnehmen
dieses B**u**chstabens
in die Wege zu leiten …
Hans Weigel

Der Kritiker Weigel, umgehend von offizieller Seite nach dem Brief befragt, kontert sofort: „Das kann nur das Gfrast Qualtinger gewesen sein!“

In den frühen Morgenstunden des nächsten Tages schreitet man zur Tat: Von Freunden wie Johannes Mario Simmel und dem Schauspieler Kurt Sowinetz assistiert, montiert Qualtinger, längst als Enfant terrible der österreichischen Kulturszene bekannt, mit Leitern und Flaschenzügen anstößige „U“s von Geschäftsbeschriftungen. Zurück bleiben im Wiener Stadtbild:

das „Modeha s Bra n“,
eine „ hrenhandlung“,
ein Fachgeschäft für „G mmiwaren aller Art“
das „Bl menha s a f der Frey ng“
der H nde-Waschsalon Str ppi
das Z ckerl-Paradies.

Die abmontierten, verschieden großen „U“s werden dann – gewissenhaft verpackt – von Qualtinger & Kumpanen in einem Leiterwagerl beim Portier des Unterrichtsministeriums deponiert: Einer der im Nachkriegs-Wien berühmt gewordenen *practical jokes* des Helmut Qualtinger. Hans Weigel wird immer wieder zur Zielscheibe der Scherze des Kabarettisten: Weigel hält Qualtinger, der spätabends anruft, für den Schauspieler Werner Krauss und lässt sich von ihm ein ausführliches *Exklusiv-Interview* geben.

Von einer Freundin, der Sekretärin des PEN-Clubs, organisiert sich Helmut Qualtinger offizielles Briefpapier und verfasst eine Sensationsmeldung, die er an alle Kulturredaktionen der Wiener Tageszeitungen schickt: „Auf Einladung des PEN-Clubs trifft morgen der in Grönland geborene Eskimodichter Kobuk in Wien ein. Seine Romane, deren eigenartige Verbindung von magischem Realismus und arktischer Mystik haben ihn weit über die Grenzen seiner engen Heimat bekannt gemacht. Seine grönländische Trilogie ‚Nordlicht über Iviktut‘ wird derzeit von Metro Goldwyn Mayer in Hollywood verfilmt. Der Autor, bekanntlich Nobelpreisträger für Literatur, wird wegen Placierung seiner satirischen Komödie ‚Die Republik der Pinguine‘ mit mehreren Wiener Theatern verhandeln. Außerdem wird er der Wiener Eisrevue ein Angebot für eine Grönland-Tournee überbringen.“

Die meisten Zeitungen bringen die Meldung fast worwörtlich und entsenden Reporter zur Ankunft des Eskimodichters am Westbahnhof. Aus dem Zug steigt ein Herr mit riesiger Pelzmütze. Helmut Qualtinger, der in St. Pölten zugestiegen ist …

Im Mai 1981 unternehmen H. C. Artmann und Helmut Qualtinger ihre letzte gemeinsame Reise. Nach Kalifornien. Mit dabei sind Peter Turrini und der Verleger Ulrich Schulenburg. Man erlebt ein Kontrastprogramm: Untertags ernsthafte Vorträge und Lesungen an der „University of Southern California" in Santa Monica, bei denen die Kulturschaffenden aus Österreich nur Perrier-Mineralwasser gereicht bekommen.

Abends folgt launige Entspannung. Mit einem Besuch beim Filmsternchen Sybil Danning aus Ried im Innkreis, die vor allem durch freizügige Auftritte in deutschen Sexfilmen wie „Blutjung und liebeshungrig" bekannt wurde. Sie bewohnt inzwischen jene Villa in Beverly Hills, die früher der „sinnlichsten Figur Hollywoods" gehört hatte: Jean Harlow. Hier schoss sich 1932 ihr Ehemann Paul Bern – zwei Monate nach der Hochzeit – vor einem Spiegel in den Kopf. Die betörende „Goddess of Beauty" zog nach seinem Selbstmord sofort aus und starb wenige Jahre später im Alter von 26 Jahren völlig überraschend während der Dreharbeiten zu „Saratoga" mit Clark Gable.

Sybil Danning fühlt sich in der in bayrischem Stil erbauten Villa wohl. Und ist über den Besuch der erlesenen Kulturdelegation aus Österreich hocherfreut. Man trinkt Grünen Veltliner, der in einem schmiedeeisenen „Weinheber" aus der oberösterreichischen Heimat Dannings serviert wird. Danach reichlich Tequila.

Aber auch ein *Höflichkeitsbesuch* in Pacific Palisades – bei Marta, der Witwe des Schriftstellers Lion Feuchtwanger – steht auf dem Programm. Einige Gläser Whisky, die Herren Artmann und Qualtinger haben jetzt schon längst ihre hübschen Hüte aufgesetzt. H. C., der elegante Herr im Khaki-Anzug mit schmaler, schwarzer Krawatte, trägt einen weißen mit bunter Bordüre, „Quasi" im dunklen Club-Blazer mit weißer Nelke im Knopfloch, einen breiten, schwarzen Cowboy-Hut. Und jeder hat eine weiße Nelke im Knopfloch.

Die Stimmung ist ausgelassen. Spontan beschließt man nachts, auf dem „Westwood Village Memorial Park", dem Prominenten-Friedhof von Los Angeles, das Grab von Marilyn Monroe zu suchen. H. C. Artmann erinnert sich, fast 20 Jahre später: „Mit den Autoscheinwerfern haben wir die ganzen Grabhügel ausgeleuchtet, endlich hatten wir die tote Monroe gefunden und haben g'rehrt, richtig g'rehrt, weil wir so besoffen waren. Das war nämlich der springende Punkt. Am nächsten Tag sagte mir der Quasi beim Frühstück: „H. C., i' hab' Träume! Träum' ich, wir stehen gestern am Grab von der Monroe und rehrn ..."

KNIETIEF IM KAFFEEHAUS

Im Wartesaal des Ruhms – zwischen Buchteln und der Erotik spezieller Körperfalten

Langsam kommen Ende der 1940er-Jahre auch manche aus ihrer Heimat vertriebene Autoren nach Wien zurück. Aber nur manche. Bei vielen ist die Erinnerung an die dunkelste Zeit Österreichs noch zu wach. An den Jubel am Heldenplatz. An das Stadtbild mit wehenden Hakenkreuz-Fahnen, an die brennenden Synagogen und die geplünderten jüdischen Geschäfte. An *Arisierungen* und *Mitbürger*, die unter dem Beifall des Mobs Straßen aufwaschen mussten.

Manche Künstler und Wissenschaftler wie Sigmund Freud, Robert Musil oder Joseph Roth sterben einsam in der Emigration. Und manche wählen schon zu Beginn der Nazi-Herrschaft den Freitod. Wie der Kulturphilosoph, Schriftsteller und Schauspieler Egon Friedell, der – um der Verhaftung durch die Gestapo zu entgehen, die er im Stiegenhaus heranpoltern hört – aus dem Fenster seiner Währinger Wohnung springt.

Manche der vertriebenen Schriftsteller wollen jedoch nach der Emigration wieder zurück nach Wien. Um jeden Preis. Auf der Suche nach Erinnerungen an die Familie, Kindheit und Jugend, werden sie vorerst mit der Realität der vergangenen Kriegsjahre konfrontiert. Doch man ist auch froh, dass das Leben im Exil jetzt vorbei ist: „Ein Emigrant", meint Alfred Polgar, „ist ein Mensch, der zwei Fremden hat und keine Heimat".

Auch Polgar kommt bald nach Kriegsende heim nach Wien und muss erleben, dass man Emigranten nicht immer mit offenen Armen empfängt. Nach seinem 75. Geburtstag, im Jahre 1948, versendet er Antwortschreiben auf Glückwünsche mit dem Beginn: „Durchaus imstande, jedem Einzelnen zu danken, von dem ich aus Anlass meines Geburtstages Zeichen der Sympathie empfing ..."

Auch Friedrich Torberg und Hans Weigel waren nach einigen Jahren aus der Emigration nach Wien zurückgekehrt. Neben dem Problem, eine Wohnung zu finden, gab es auch die essenzielle Frage, welches Kaffeehaus zum Stammlokal werden könnte. Weigel schlug das Hawelka in der Dorotheergasse vor. „Was", meinte Torberg entsetzt, „... das Hawelka? Das hat doch nur bis zwei Uhr früh offen!" Im Gästebuch vermerkte er zehn Jahre später: „In Wahrheit handelt es sich hier um eines der überhaupt letzten Wiener Kaffeehäuser! Bezeugt von einem, der meistens als einer der überhaupt letzten Gäste weggeht." Lange bevor Friedrich Torberg Stammgast des *Hawerls* war, berichtete er einem Freund aus der Emigration von einer Schreckensvision, die er in der vergangenen Nacht hatte: „Eines Tages werden wir vor den Pforten sämtlicher Kaffeehäuser stehen, die unser Leben ausmachen, und sie werden versperrt sein. Das ist das Ende der Zeiten."

Das Hawelka. Wo neben Buchteln und Debreziner, Guglhupf, Nussbeugeln, Melangen und kleine Schwarze mit Slibowitz, außer Dienstag am Ruhetag, ganztägig serviert werden. Und vor allem „Zeit", wie es der Maler Kurt Moldovan im Gästebuch des „zeitlosen" Hawelka vermerkt hat.

Für H. C. Artmann, der hier schon früh sehr regelmäßig verkehrt, zu einer Zeit, als er erst als „großes Talent" gilt, ist dieses zweite Zuhause ein Wartesaal. Ein Wartesaal des Ruhms. Ein Wartesaal mit roten, abgewetzten Plüschpolstern, schmalen Logen und Spiegeln, die von Nippesfiguren bewacht sind, und Marmortischen, auf denen Türme von Zeitungshölzern gestapelt sind.

Artmann spricht von der „historia Hawelkaiana", dem Café, das eher in die Zeit vor dem Ersten Weltkrieg passt als in „unsere gehetzte, mond- und raketennarrische". Er beschreibt das damalige Künstlerkaffee: „Eine magische Botanisiertrommel, in der man die seltsamste Flora unserer Stadt finden kann: Gescheite und

Dumme, Hässliche und Schöne, Arme und Reiche, Junge und Alte, Bezaubernde und Bezauberte, Stotternde und Wohlredner und weiß Gott, was dort alles noch seinen kleinen Braunen trinkt, oder, wann's geht, einen französischen Cognac ... das Wunder aber, das Wunder dieser Botanisiertrommel ist, dass alle diese Contraritäten, sitzen sie einmal an den altmodischen Marmortischchen, sich in arkadischer Eintracht vertragen, nichts mehr und nichts weniger sind als Hawelka-Gäste, die so ihre Morgen, Nachmittage und Abende dahinbringen ..."

H. C. Artmann arbeitet hier im „schönsten Stadtcafé von altem Schrot und Korn" an Gedichten, Übersetzungen und den Skizzen aus dem Milieu der Wiener Vorstadt. Oder es werden mit den Freunden Friedrich Achleitner, Konrad Bayer, Gerhard Rühm und Oswald Wiener Pläne geschmiedet. Für eine „poetische demonstration mit musikbegleitung" oder ein „manifest gegen das kasperltheater der wiederbewaffnung".

Andere Gäste sind einfach nur da. Sie „schlagen hier die Zeit tot, um von ihr nicht totgeschlagen zu werden." Man hört den Geschichtenerzählern zu, schwebt in einem stickigen, verrauchten Wiener Biotop auf „Wolken von Wörtern, um die wirkliche Weite der Welt zu erfahren", wie es ein stiller Beobachter, der Verleger Christian Brandstätter, formuliert. Diese „Camera obscura" sei ein „heiliger Hort der mündlichen Überlieferung, der gesprochenen Abenteuerromane, der Gemälde, die aus Wörtern entstehen, der Melangen aus Beobachtung und Erinnerung, Staunen und Lachen, Dichtung und Wahrheit."

Regie bei diesem illustren Treiben führt das Kaffeesieder-Paar. Hier, wo man so angenehm allein unter Menschen sein kann, in diesem Lebensraum der Tagträumer und Nachtschwärmer, der jungen Menschen, die sich zaghaft dem märchenhaften, ersten Rendezvous hingeben, der Zeitung lesenden Pensionisten, der lautlosen Schach- und streitenden Tarock-Spieler, der konkurrenzierenden, aber stets ruhig bleibenden Rosenverkäufer und des müden Herrn der Wach- und Schließgesellschaft, der um Mitternacht sein gewohntes Gratishäferl Milchkaffee bekommt. Und der Künstler.

Die Biografie des Ehepaars Hawelka ist als Gastgeber und Vertraute mit mehreren Künstler-Generationen dicht verwoben: Am runden Tisch hinten in der rechten Ecke zerkrachten sich während einer äußerst heftigen Diskussion über Kunst und Politik Hilde Spiel und Friedrich Torberg, hier verkehrte Heimito von Doderer – im Schlepptau eine seiner engsten Vertrauten –, sein *Packerl*, wie er die Geliebte, die Schriftstellerin Dorothea Zeemann, nannte –, hier übte der gnadenlose Kritiker Hans Weigel – von jungen Schauspielerinnen adoriert – schon sehr früh seinen Balanceakt mit den drei Brillen. Und hier rezitierte Oskar Werner nach dem zweiten, dritten Cognac Rilke und Weinheber, Helmut Qualtinger imitierte nach dem zweiten, dritten Viertel Weiß die Volksschauspielerin Annie Rosar und den stets gutgelaunten Musiker Horst Winter.

Im Hawelka diskutierte der „Phantastische Realist" Wolfgang Hutter nächtelang über die „Erotik spezieller Körperfalten", während andere wie Brauer, Fuchs und Lehmden ihre Werke um ein paar Hundert Schilling verkauften. Hier war der Fotograf Franz Hubmann mit seiner Leica ständig auf der Jagd nach Prominenz, was die Beschimpfung Kurt Moldovans „du hast das Hawelka ruiniert, jetzt kommt alles her, um fotografiert zu werden und *auch* als berühmt zu gelten", zur Folge hat.

Hier arbeitete Konrad Bayer an einer Auftragsproduktion – für 100 Schilling sollte er einen Text erstellen. Um seinen Kunden zufrieden zu stellen, wählte er als Thema die „fut", mit Feststellungen wie „fut ist kein strohhut". Wilhelm Holzbauer skizzierte sein erstes Haus, Oswald Wiener entwarf die erste „Systemanalyse Mitteleuropas" und jüdische Juweliere, hinten am letzten Tisch beim Fenster, ließen samstags anschreiben, weil man aus religiösen Gründen am „Schabbes" kein Geld in die Hand nehmen darf.

Dazwischen – durch nichts aus der Ruhe zu bringen, wie eine Insel im Getöse der Künstler und Lebenskünstler – die Kaffeesieder: Ein „einander perfekt ergänzendes Yin-Yang im Kaffeehaus-Kosmos. Yin: Die Hawelka, mit Vornamen Josefa, schlechthin das Weibliche, Mütterliche, die kluge, beredte Erde, mit einem Wort: Die Nachtschicht. Die weise Hüterin der Sperr- und Sternstunden." Sie ist die graue Eminenz im Hintergrund. Mit der „kommerziellen Intelligenz eines Konzernvorstandes, dem Gedächtnis eines Geldbriefträgers, der Geschicklichkeit eines Varietékünstlers, einen Elefanten in einer Hutschachtel zu placieren". „Yang: Der Hawelka, mit Vornamen Leopold, das Männliche, Väterliche, der klare, schweigsame Himmel, die Tagschicht. Seine sedative Wirkung ist die eines in Würde alt gewordenen, zeitlosen Möbels, das seit Anbeginn der hawelkanischen Zeitrechnung unverrückt und unverrückbar zwischen den Marmortischen, Thonet-Sesseln, Stamm- und Wechselgästen steht." (Wolfgang Hutter)

Und natürlich die wieselflinke, kleine Figur im Smoking. Der Herr Ober. Der Herr Ali. Wie ein Pfeil schießt er durch das brechend volle, von dichten Rauchschwaden durchzogene Lokal. Registriert im Vorbeihuschen die ewig gleichen Bestellungen der Stammgäste und wieselt durch den kaum durchdringbaren Wald von Zeitungslesern weiter. H. C. Artmann beobachtet ihn bewundernd. Von seinem Stammplatz in der Mitte des Lokals: „Er wirkt wie der zarte Schatten einer vorbeifliegenden Schwalbe, der durch den zitternden Rauch der Austria-3-Zigaretten schwirrt." Und Artmann bewundert seinen Kollegen, den Herrn Fritz, der „souverän wie ein britischer Oberst über sein Revier herrscht".

Doch schon bald wird das Hawelka, wo früher Schriftsteller wie Canetti und Csokor, Jandl und Mayröcker, Arthur und Henry Miller zu sehen waren, zum Treffpunkt von Parvenüs, Innenstadt-Plauderbegabungen und pathetischen Wichtigtuern. Ja, und die neugierigen Kultur-Touristen, die *Künstler schaun* kommen, sind auch da. Im Juni 1961 schreibt H. C. Artmann ins Hawelka-

Gästebuch: „wenn ich heutzutage noch hergehe, dann wegen herrn u. frau hawelka samt dem ausgezeichneten herrn theo. die leute sind scheußlich geworden.“ Artmann ist an die Peripherie zurückgekehrt, um sich im „Breitensee“ einen Schwarzen mit Slibowitz zu genehmigen ...

EIN NETZ AUS SPERMIENFÄDEN

Admiral Tegetthoff und die Poetisierung der Welt

Neben dem Hawelka war vor allem das Café Raimund Treffpunkt von Literaten. Hier, gegenüber dem Volkstheater, hielt Hans Weigel Hof. Als einmal ein Brief mit der Adresse „Hans Weigel/ Schriftsteller/Wien" aus dem Ausland geschickt wird, schreibt ein Postbeamter ergänzend „Café Raimund" auf das Kuvert.

Der gefürchtete Theaterkritiker – der „Dreckfink", der für eine seiner gnadenlosen Besprechungen von der Burgschauspielerin Käthe Dorsch zwei schallende Watschen verabreicht bekam, war schon knapp nach Kriegsende aus dem Schweizer Exil nach Wien zurückgekehrt. Er gilt als einer der wesentlichsten Förderer junger Literatur nach 1945: Er animiert Schriftsteller nicht nur, Aphorismen, Kurzgeschichten und Gedichte zu schreiben, sondern auch Romane – für deren Realisierung er ein Paar Frankfurter bezahlte.

Um ihn schart sich ein Kreis junger Autoren: „Ich habe tatsächlich die Aichinger, die Bachmann, den Celan, die Haushofer entdeckt beziehungsweise gefördert", erwähnt Weigel nicht ganz uneitel. Regelmäßige Gäste an seinem Stammtisch sind Christine Busta und Jeannie Ebner, Reinhard Federmann und Milo Dor, Herbert Eisenreich und Andreas Okopenko. Weigel wird Herausgeber der Anthologie-Reihe „stimmen der gegenwart", die Literaten die Chance einer Veröffentlichung bietet: Schon im ersten Band erscheinen Texte aller jungen Autoren aus dem Kreis des Café Raimund.

Die Beiträge für die Literaturzeitschrift wurden, bevor Weigel sie las, von seiner Vertrauten vorsortiert. Von Jeannie Ebner. Sie betreute ein Postfach, das im Kaffeehaus eingerichtet und zur Einlaufstelle österreichischer Nachkriegsliteratur wurde. Ebner musste die Manuskripte, auf Anweisung Weigels, in drei Kategorien sortieren: „Kas, brauchbar“ und „sehr gut“.

Doch auch andere Publikationen entstehen, die manchem jungen Schreiber Hoffnung geben, erste literarische Versuche gedruckt zu sehen. Schon unmittelbar nach Kriegsende erscheint die Literaturzeitschrift „Plan“ und bereits ab 1945 entwickelte sich aus dem „Mitteilungsblatt des Theaters der Jugend“ eine „kulturzeitschrift junger menschen“ mit dem Titel „neue wege“. In dieser Publikation werden Texte veröffentlicht, die man seit Jahren nicht mehr lesen konnte. Von Brecht, Camus und Kafka, Faulkner und Hemingway. Und die „neuen wege“ werden zum wichtigsten Forum einer vitalen Generation, des literarischen Nachwuchses nach Kriegsende. Es gibt erste öffentliche Manifeste für das Experimentelle in der österreichischen Nachkriegsliteratur. Die Zeitschrift bietet auch eine offene, liberale Bühne für Auseinandersetzungen um moderne Kunst.

Als in einer heftigen Diskussion um den Surrealismus der scharfzüngige, streitlustige Herbert Eisenreich gegen diese Strömung antritt, verfasst H. C. Artmann ein Pamphlet für die neue Stilrichtung. Er „unterwandert“ mit einigen Freunden wie René Altmann das mit finanzieller Unterstützung des Unterrichtsministeriums finanzierte „Theater der Jugend“-Organ, dem Artmann eine immer „surrealere“ Ausrichtung gibt.

25 Jahre später schildert einer seiner Weggefährten, Andreas Okopenko, die vorherrschenden Strömungen, aber auch die Gruppenbildung bei den „neuen wegen“. In den „Protokollen 1975“ schreibt Okopenko vom künstlerisch linken Flügel um Altmann, Artmann und Helene Diem. Sie waren „im Lebensgefühl extrem und provokant antibürgerlich, lauschig; dem ‚surrealen Akt‘ geneigt.“ Sich selbst sowie Jeannie Ebner, Ernst Kein und Gerhard Fritsch siedelte Okopenko in der Mitte des Spektrums von Traditionalismus und Avantgarde an.

Manchen der Leser ist die surreale Strömung rund um H. C.

Artmann in der kulturell konservativen Atmosphäre im Wien der Nachkriegszeit zu provokant. Drohbriefe von Eltern und Lehrern ziehen Querelen der Mitarbeiter nach sich. Surreale Verse wie „Sonne tanzt Walzer mit Nachbars Schwein“ von Ingomar Leitner verursachen massive Proteste jahrelanger Abonnenten.

Das Gleichgewicht der einzelnen Gruppen innerhalb der Zeitschrift, die weiterhin auch an Schulen verbreitet wird, kommt immer mehr ins Wanken. Zu groß ist der Widerspruch zwischen „watscheneinfachsein wollender Zeitkritik und üppig-übermütiger Privatwelt in unserem Kreis“ (Okopenko). 44 junge Autoren weigern sich schließlich, weiterhin ihre Texte erscheinen zu lassen. Das Ende der „neuen wege“ naht, verbunden mit kreativer Aufbruchstimmung.

H. C. Artmann sucht neue literarische Wege: „Ich will diejenigen zu Wort kommen lassen, welche von einem seit jeher vorherrschenden Konventionalismus zu scheinbarem Schweigen verurteilt sind; trotzdem können gerade sie das wahrhaft nötige Frischwasser für den absterbenden Teich unserer Dichtung bedeuten.“ Im Frühjahr 1950 wird auf Initiative Artmanns ein „zwangloser“ Verein von Künstlern – Dichtern, Komponisten, Malern und Bildhauern – ohne „Berücksichtigung des Alters“ gegründet: die Gemeinschaft „Der Keller“. Ein poetischer Aufbruch in einem Wiener Keller. Man fördert jeden „ernstgemeinten Vorstoß in künstlerisches Neuland und lehnt jeden penetranten Konventionalismus und jede Manieriertheit ab.“

Im Esterházy-Keller, in den düsteren, seit vielen Jahren von Rauchschwaden durchzogenen Katakomben dieses Stadtheurigen, führen „Stufen ins Labyrinth der Literatur“. Man gelangt, wie der Salzburger Schriftsteller Max Blaeulich schreibt, „zu diesem sonderbaren Tisch voller Manuskripte, die Zeit schien sich schneller umzublättern als der Zeiger weiterrückte. Ehe man es gewahrte, war es Morgen, und wollte man die Stiegen, die zwar steil zum Grund führten, hinauf … ja, dann gelang das nur mit eiserner Verachtung oder Poesie. Das Wort ‚Inventionismus' spielte als kleines zwei- oder dreistimmiges Stück auf dem Klavier der Literatur seine dort erfundenen Phantasien. Nur mäßig war dieser Keller temperiert und vom Frühjahr des Wiederaufbaujahrzehnts noch nichts zu spüren, obwohl es mit seinem Föhn über die Baugruben strich und Unfug trieb. Redeten die einen von Bombenschäden, vom klassn Stuzzi-Kofferradio oder vom Zwei-Liter-Opel-Kapitän samt Skaisitzen, so sprachen die anderen dort drüben, in dieser Ecke, über Éluard, Ramón Gómez de la Serna und dessen Torero Caracho oder über Apollinaires Mystifikationen, usw. usw."

Die Statuten der hier gegründeten Künstlergemeinschaft „Der Keller" klingen wenig surreal. Eher wie die Vorschriften für Mitglieder des Breitenseer Sparvereins „D'Ameisbachler": „Ein periodisch gewählter Vorsitzender und ein Kassier ist zu bestellen. Der Kassier hat die gemeinsame Kasse zu verwalten, in die jedes Mitglied nach eigenem Gutdünken und Vermögen einzahlt."

Mit der Organisation von Ausstellungen, Lesungen, der Herausgabe von Anthologien und einer eigenen Zeitschrift wolle man gemeinsam in der Öffentlichkeit auftreten. Unterzeichnet wurde das Manifest vom 6. Mai 1950 von H. C. Artmann, René Altmann, Elfriede M. Hauer, Kurt Hradek, Heinz Rindauer und Hanns Weissenborn.

Weissenborn wurde ersucht, Aufzeichnungen über gemeinsame Aktivitäten, eine Art Künstler-Tagebuch, zu führen. Die regelmäßigen Treffen – auch oberhalb des Esterházy-Kellers – werden von Weissenborn in knapper Form niedergeschrieben: „20. 5. mit Artmann im Prater … 25. 5. Spaziergang mit den Diem-Schwestern … 7. 6. Lesung in Mödling … 2. 10. Literarischer Abend bei Vera … 26. 10. Lesung im Theater ‚Das Experiment'." Organisiert wurden auch „schwarze Treffen unter den grauenvollen Schönen der violetten Nächte". Alle sind, wie der Avantgardefilmer Marc Adrian feststellt, „in einem Netz aus Spermienfäden verwoben".

Manchmal ging man aber auch einfach nur gemeinsam ins Kino, mit anschließender Diskussion über Filme wie „Das Kabinett des Dr. Caligari". Oder man besuchte den altkatholischen Pfarrer Gustav Czeipek in seiner Leopoldstädter Wohnung. Seine „liebe Frau Gerti", die auch ein bissl gedichtet hat, servierte immer reichlich Rum mit Tee. Im großen Wohnzimmer stand ein Flügel, auf dem Gerhard Rühm improvisierte, gegenseitig las man sich neu verfasste Gedichte vor. Oder man unternahm einen Ausflug nach Mödling. Es gab Lesungen, eher Aktionen mit Alkohol, im ehrwürdigen Beethovensaal oder im Haus des Hörspielautors Werner Riemerschmied. So erlebte die „Mödlinger Gruppe" rund um H. C. Artmann ihre avantgardistischen, ausufernden Höhepunkte.

Die „Keller"-Kumpanen trafen sich auch bei der Lyrikerin Jeannie Ebner in ihrer Wohnung in der Praterstraße. Wo unter Bewachung von Admiral Tegetthoff auf seinem Denkmal abends Mädchen in hautengen Hosen und Lackstiefeln freudig erregten Freiern durch die Scheiben ihres DKW, Ford Anglia, Opel Rekord oder VW Käfer deuteten, in eines der nahen Stundenhotels mitzukommen.

In der Wohnung von Jeannie Ebner konnte man die ganze Nacht lang euphorisch und lautstark über die „poetisierung der welt" diskutieren. Denn, berichtet die Lyrikerin, „der Radau der Literaten war noch der Geringste". Über ihrer kleinen Wohnung am Praterstern „schimpften die Zuhälter mit ihren Patschuli-Puppen, nebenan hopste das Bordell, unterhalb lärmte eine Gastwirtschaft, die einem gewissen ‚Redl' gehörte und durch deren Rauch man hindurchtappen musste, wenn man hinaufgelangen wollte".

Harry Redl, der Sohn jenes Gasthaus-Besitzers, der als Fotograf viele Jahre lang amerikanische Literaten der Beat-Generation wie Allen Ginsberg, William S. Burroughs oder Jack Kerouac begleitete, erinnert sich im Dezember 2000 an jene Zeit: „In unserem Haus in der Vorgartenstraße wohnte die Familie Schmidt, welche zwei herrliche Töchter in die Welt gesetzt hatte, ich verliebte mich in die jüngere, Irene. Wir waren bis 1944 unzertrennlich. Dann wurde ich zum Militär eingezogen und im Mai 1945 von der US-Armee gefangen genommen. Als ich 1946 zurückkam, umarmte mich meine Mutter voller Tränen, auch Irene. Allerdings tränenlos, denn sie habe gespürt, dass ich sicher nach Hause kommen werde. Sie selbst hatte während der letzten Kriegsjahre in einer Fabrik gearbeitet und dort einen ‚lieben Menschen' kennengelernt. Sie würden sehr bald heiraten, ich solle ihn doch kennenlernen, bitte. Weil er für das Militär gesundheitlich nicht fähig war, arbeitete er auch in der Fabrik. Er hieß Rudolf Hausner und malte nebenbei. Nicht Wände oder Kästen. Bilder."

Redl erzählt: „Ich gab Irene auf, wurde aber dafür mit einem Entree in die Kunstwelt des Nachkriegs-Wien beschert. Es war atemberaubend, wie Maler, Dichter und Bildhauer aus den Kellern der Stadt mit ihren Arbeiten auftauchten, von denen bis dahin niemand wusste, weil ja das Hitler-Regime nur Plakate mit blonden, blauäugigen Geschöpfen zuließ. Eines Abends rief mich Irene an, ob ich Lust hätte, auf eine *Künstlerparty* zu kommen. Zu Hausners Freund Fritz Janschka, einem der Mitbegründer der Wiener Schule des Phantastischen Realismus. In seiner Dachwohnung im 20. Bezirk waren viele Menschen da, alle von Kunst besessen, es entwickelte sich ein wunderbarer Abend mit viel Wein und Schnaps. Nachdem die meisten Gäste gegangen waren, fand ich mich mit ein paar anderen liegend in den nächtlichen Himmel durch riesige Glaswände blickend. Eine Frauenstimme sprach, warm, aber bestimmt. Es war wie eine freundliche Umarmung, ein selbstloses Mitteilen von Erfahrungen, wie ‚Hier ist der Kessel meiner Lebenssuppe, will jemand eine Schale?' Später fand ich heraus, dass es Jeannie Ebner war. Seit dieser Nacht gehörte ich ihr. Sie wies mich in die Poesie und manch anderes ein."

Und Redl erinnert sich auch, dass sein Vater während des Krieges das Restaurant des Hotel Nordbahn gleich neben dem Tegetthoff-Denkmal führte: „Rund um den Kommandanten der österreichisch-ungarischen Kriegsmarine blühte der Schleichhandel und in unserem Gasthaus nisteten sich Unterweltler ein. Eines Tages sagte mein Vater, ich solle als Kellner arbeiten. Im Hinterhof waren billig vermietete Zimmer, auch ich wohnte dort. Bald zog auch Jeannie bei uns im Hinterhof ein. Es war ein winziges Kabinett, nur ein paar Quadratmeter groß. Kein Tag verging ohne Besuche von interessanten Menschen. Mitglieder des Art Clubs kamen, Maler und Bildhauer wie Maria Biljan-Bilger und junge Dichter wie der Mödlinger Carl ‚Carlos Orlando' Armandola, der als Holzhacker und ‚Türlschnapper' arbeitete, ‚um sich den Kopf freizuhalten'. Und einer der Stammgäste im Hinterhof des Hotel Nordbahn war auch ein hagerer, schüchterner Dichter. Der Artmann."

DIE BOHEMIENS VON WIEN

Savoir-vivre im Souterrain und Schmähführen im „Strohkoffer"

Zu Beginn der 1950er-Jahre sind Lebensmittel nicht mehr rationiert, bereits 10.000 Gemeindewohnungen errichtet und 150 Schulen wiederaufgebaut. Die ersten „Wiener Festwochen" werden eröffnet. Der Bundespräsident wird erstmals vom Volk gewählt. Die Kohleförderung erreicht den Höchststand und mit 2,051.050 Personen gibt es die meisten Beschäftigten seit 1918. Überall wird für den Wiederaufbau *in die Hände gespuckt*. Künstler versuchen auf ihre Weise, mit dem Leben fertig zu werden.

Der Kritiker und spätere Direktor des Volkstheaters, Paul Blaha, erinnert sich an einen Herbsttag des Jahres 1953, als er H. C. Artmann kennenlernte: „Eines Nachmittags verschlug mich der Zufall ins Café Parkring in der Weihburggasse. Es befanden sich nicht viele Menschen im Lokal. An einem kleinen Tisch neben dem Abgang in den Theater-Keller saß ein großer, hagerer junger Mann. Er saß alleine da, so, als erwarte er etwas. Er mochte in meinem Alter oder um einiges älter sein. Ich könnte heute nicht mehr sagen, wie wir ins Gespräch gekommen waren. ‚Ich bin der Artmann', sagte er nach einer Weile. ‚Aus St. Achatz am Walde' – ‚Kenn ich nicht', erwiderte ich. ‚Kennt niemand', gab er zurück und lächelte listig. In seinem Blick lag eine angriffslustige Heiterkeit, aber auch so etwas wie abgeklärte Melancholie. Er mache die Tageskasse für das ‚Parkring-Theater' unten, sagte er. Als Tageskassier könne man schreiben, lesen und die Leute beobachten. Er teile den Posten mit Humbert Fink: ‚Einen halben Tag sitze ich hier, einen halben er.' Irgendwann war uns das formelle ‚Sie' abhanden gekommen. ‚Wo bist du eigentlich her?', erkundigte er sich. ‚Ich hab ein paar Jahre in Linz zugebracht', gab ich ausweichend zur Antwort. ‚Oje', lachte er, ‚Linz an der Tramway. Und was machst du so?' ‚Derzeit wenig bis gar nichts', antwortete ich. Ich bin erst seit Kurzem in Wien. Ein paar Geschichten hab ich geschrieben. Artmann blickte mich unter seinen buschigen Augenbrauen hervor längere Zeit an. ‚Brauchst einen Posten?', fragte er dann. Ich hob die Schultern – ganz sicher hätte ich eine Arbeit gebraucht. ‚Du könntest Billeteur werde', sagte er. ‚Wenn du willst, red' ich mit dem Wondruschka, das ist der Direktor unten im Theater.' Das ist jetzt fast ein halbes Jahrhundert her. Aus dem Billeteur damals war nichts geworden. Aber es war der Beginn einer lebenslangen Freundschaft. Jetzt gibt es kein Parkring-Café und kein ‚Theater am Parkring' mehr. Und keinen H. C. Nur noch die Erinnerung eines alten Mannes an einen anderen alten Mann, der ein Genie war."

Zu Beginn der 1950er-Jahre findet man die Kunstszene im Keller, im Souterrain von Wien. In einem Wolkenkuckucksheim unter der Erde. Die Avantgarde von Wien – Maler und Musiker, Bildhauer und Poeten – lebt unter katastrophalen finanziellen Bedingungen. Man hat wenig zu essen, keine Wohnung, kaum Veröffentlichungsmöglichkeiten. Man versucht auf seine Weise, Visionen zu realisieren. Und das kulturelle Leben der Stadt in Bewegung zu bringen.

Das Savoir-vivre der Bohemiens von Paris dient als Vorbild: Links von der Seine, am Boulevard Saint-Michel, am Place Saint-Germain-des-Prés, in den Cafés „Les Deux-Magots" und „de Flore", in Jazz-Clubs im Souterrain, billigen Bistros und Nacht-Cafés versuchen sie, die Welt aus den Angeln zu heben. Mit neuen Wegen in der Kunst, temperamentvoller Sozialkritik, aber auch wilden, wechselnden Liebesbeziehungen: „Vielleicht gibt es schönere Zeiten; aber diese ist die unsere", beschrieb es Jean-Paul Sartre. Existenzialisten und Surrealisten, Revolutionäre und Romantiker, Aragon, Artaud und Breton, Juliette Greco und Jacques Prévert, Simone de Beauvoir und Jean-Paul Sartre. Und der *Onkel aus*

Amerika, der hier in Paris fast 40 analytische Werke verfasst und mit der sinnlichen Schriftstellerin Anaïs Nin, einem ehemaligen Mannequin, seine sexuellen Begierden auslebt: Henry Miller.

Die künstlerische Avantgarde Österreichs, die *Bohemiens von Wien*, fühlen sich – zwischen Wiederaufbau und Wirtschaftswunder – unverstanden. Der US-Journalist James Gordon gibt am 18. Jänner 1947 in der Zeitung „Morning News" die Stimmung wieder: „A Surrealist in Vienna must feel as lonely and misplaced as an Eskimo in darkest Africa, for in this City, probably more than in any other capital in Europe, art is conventional to a picture postcard degree ..."

Unter dem Begriff *Schmutz und Schund* gibt es nach Kriegsende Schreib- und Aufführungsverbote, Proteste und Prozesse. Den Begriff *entartet* hat man gerade erst aus dem Bewusstsein verdrängt, schon formiert sich der Widerstand gegen Modernes, gegen Provokantes, die „Paranoia des Surrealismus". Es gilt, konventionelle Kunst, das *Wahre/Gute/Schöne* zu retten ... Nicht nur bei den „Nationalen" und im christlich-sozialen Lager geht die Freiheit der Kunst zu weit. Auch die „Arbeiter Zeitung" verurteilt den „Individualismus und Pessimismus der jungen Künstler".

Als österreichische Sektion des in Rom gegründeten internationalen Art Clubs ist 1947 auch in Wien von einer Gruppe junger Maler unter Präsident Albert Paris Gütersloh – Stellvertreter ist Fritz Wotruba – ein Art Club gegründet worden. In seiner Rede „Nahe am Gefrierpunkt" anlässlich der Eröffnung einer Herbstausstellung spiegelt sich diese Atmosphäre wider: „Die Kälte, in der wir uns befinden, ist nicht nur ein Effekt der allgemeinen Notlage, sondern auch der treffende, und durchaus so gemeinte, Ausdruck für jenen Grad des Interesses – nahe am Gefrierpunkt –, den die als besonders musisch ausgeschrieene Bevölkerung dieser Stadt und dieses Landes der bildenden Kunst entgegenbringt, beziehungsweise schon immer entgegengebracht hat ..."

Bald nach seiner Eröffnung wird ein Kellerlokal mit drei Tischen, drei Nischen, einem Klavier, ein paar Hockern und Strohmatten vom Seewinkel am Neusiedler See über der dunklen Holztäfelung an der Wand der neue Treffpunkt des Art Clubs. Als Fritz Wotruba zum ersten Mal den Raum betritt, sagt er, das Lokal erinnere ihn an einen *Strohkoffer.* Der Name des kaum 50 Quadratmeter großen Künstlertreffpunkts war geboren.

Das Gedränge war bedrohlich, der erste Kellner, Herr Hubert, ist bereits nach vier Wochen arbeitsunfähig und wird ins Krankenhaus eingeliefert. Diagnose: totaler Nervenzusammenbruch. Der „Strohkoffer" in einer schmalen Seitengasse der Kärntner Straße wird von einem Tag auf den anderen zum Zentrum der Boheme von Wien. Aber auch unterwandert von Söhnen und Töchtern der Bourgeoisie, den jungen Brigaden aus Döbling und Hietzing. Hier im Künstlerlokal wollen sie auch ein bissl Bohemien spielen, sich ein paar Stunden lang als *Enfant terrible* fühlen.

Der Kritiker Friedrich Torberg verirrt sich an einem Winterabend mit seinem Freund Marcel Faust in den Künstlerkeller. Um am nächsten Tag in seiner Kolumne „Post Scriptum" im „Wiener Kurier" die Aufbruchstimmung im Keller der Avantgarde zu beschreiben: „Im Art Club, dem in vieler Hinsicht (und manchmal weit über seinen Fassungsraum) einladenden Kellerlokal unter der Kärntner-Bar, spielt sich Ermutigendes ab: Fühlung und Auseinandersetzung zwischen grundverschiedenen künstlerischen Äußerungsformen, wobei sich pünktlich erweist, daß ein akademischer Malermeister mit den abstrakten Gesellen, die dort sich selbst und die Wände verkleiden, weniger Berührungspunkte hat als einer, der seine Substanz in Worte oder in Noten zu fassen bemüht ist. Es herrscht verheißungsvolles Treiben in diesem unterirdischen Gelass, Kunst findet zu Kunst, Snob schaut zu (geht aber bald wieder weg), Kritik nimmt Notiz, und dass das alles nun doch existiert, ist für Wiener Begriffe und Bedürfnisse Existentialismus genug."

Genau über dem „Strohkoffer", dem Kellerlokal der von Adolf Loos entworfenen „American Bar", tritt zur selben Zeit Marcel André in Damenkostümen auf: Die erste Nachkriegs-Travestie-Show Wiens sorgt für Aufregung. Und in Gerhard Bronners „Marietta-Bar" – dem „Nachtlokal, in das man mit seiner eigenen Frau gehen kann" – tritt die spätere Trauzeugin Helmut Qualtingers, die *singende Nervensäge* Evelyn Künneke, auf. Der schüchterne Sänger Peter Neumayer feiert hier mit dem Liedchen „Ich habe das Gefühl, daß ich bei Dir bleiben muß" und seinen Parodien auf Theo Lingen, Hans Moser und Heinz Rühmann erste Erfolge. Schon bald nennt er sich Peter Alexander.

In der „Marietta" trifft H. C. Artmann – von seinem Freund „Quasi" hierher verschleppt – auch einmal einen soignierten, väterlichen Freund Helmut Qualtingers. Er sollte auch später als Taufpate des Qualtinger-Sohnes Christian Heimito fungieren: der Romancier Heimito von Doderer. Einige Jahre später schreibt er auch das Vorwort für den Dialekt-Band „hosn rosn baa", den Artmann gemeinsam mit Friedrich Achleitner und Gerhard Rühm herausbringt.

Nur wenige Gassen entfernt „beehrt sich der Art Club am 15. Dezember 1951 zur Eröffnung der Art Club-Galerie unter der ‚Kärntner-Bar' und des Clubraumes herzlich einzuladen. Jeden Abend Treffpunkt aller Kunstinteressierten im Club." „Kein Konsumzwang, einfache Preise" werden versprochen. Ein nicht unwesentliches Kriterium für Künstler, deren finanzielle Situation katastrophal ist.

Der „Strohkoffer" wird zu einem nächtlichen Exil für die Avantgarde von Wien, die untertags unter Hohn, Ignoranz und Verachtung leidet. Es finden Ausstellungen, Lesungen, „Plaudereien über moderne amerikanische Malerei" oder ein Vortrag über „Moderne Bildhauer (Arp, Moore, Wotruba)" statt. Hans Kann und Friedrich Cerha laden zum „Strawinsky-Abend", der ehemalige Fliegeroffizier und spätere Afrikaforscher Max „Mäki

Messer“ Lersch, der auch Pächter der „Kärntner-Bar“ ist, bringt mit teilweise wirklich erlebten und sonst gut erfundenen Geschichten die große, weite Welt in den Künstler-Keller.

Bei Jam-Sessions spielt Uzzi Förster mit einer kleinen Combo am Saxofon, Friedrich Cerha auf der Violine, Alexander Jenner, Joe Zawinul oder Paul Kont am Klavier. Meist bis zum frühen Morgen. Und immer wieder kommt auch der schon international anerkannte Bach-, Beethoven- und Mozart-Interpret Friedrich Gulda nach Konzerten in der ganzen Welt hinunter in den „Strohkoffer“, um hier an den Jam-Sessions teilzunehmen. Bereits unmittelbar nach Kriegsende hatte das kaum 17-jährige *Wunderkind* Gulda beim „Concours International d' Exécution Musicale“ in Genf den ersten Preis gewonnen.

Der gerade zum Kabarett-Star avancierte Helmut Qualtinger brilliert mit Hitler-Parodien. Auch Carl Zuckmayer und international anerkannte Künstler wie Jean Cocteau, der anlässlich der Aufführung des Strawinsky-Opern-Oratoriums „Oedipus Rex“ nach Wien gekommen war, Benjamin Britten und Orson Welles besuchen den Keller der Wiener Avantgarde.

Friedrich Hundertwasser, der „sonderbar und ziemlich unnahbar war, er hat seine nackten Füße immer auf den Tisch gelegt“ (Artmann), veranstaltet hier seine erste Ausstellung. Und auch manche Vertreter der vom Kunstkritiker Johann Muschik später unter dem Begriff „Wiener Schule des Phantastischen Realismus“ zusammengefassten – Arik Brauer, Ernst Fuchs und Anton Lehmden – stellen im Art Club ihre ersten Werke aus.

Am 5. Jänner 1952 spielt als musikalische Umrahmung der Hundertwasser-Vernissage Paul Kont die eigene Komposition „et donne une soirée d'adieu avant son départ pour Paris“. Präsentiert werden Werke des Malers, der damals erst zögernd von Fritz Stowasser zu Hundertwasser mutierte. Mit Titeln wie:

Wenn ich eine Negerfrau hätte, würde ich sie malen.
Europäer, der sich seinen Schnurbart hält.
Singende Dampfer.
Singender Vogel auf einem Baum in der Stadt.

Mehr als 40 Jahre später erzählte Friedensreich Hundertwasser der Germanistin Maria Fialik für ihr Buch über den „Strohkoffer" von der ersten Einzelausstellung seines Lebens: „Gegen Mitternacht tauchten sehr viele Leute auf. Da saß ich oft, in der Hoffnung, dass sich jemand für die Bilder interessiert, aber das war vergebliche Mühe. Bei Tag saß ich dann auch dort, aber es kam keiner runter. Ab und zu konnte ich eine Postkarte für drei Schilling verkaufen, dafür hab ich mir eine Burenwurst gekauft. Nur einmal wurde ein Bild verkauft, ein schlechteres Bild, ein Aquarell. Zwei Herren, die sich stritten, sollen eine Wette abgeschlossen haben: Wer die Wette verliert, muss das Bild kaufen. Und der, der das Bild gekauft hat, hat es wahrscheinlich gleich in den Mistkübel geworfen ..."

Auch H. C. Artmann erinnerte sich an die „Strohkoffer"-Zeit: „Ich glaub', es war der Wieland Schmied, der mir irgendwann erzählt hat, dass es jetzt einen Treffpunkt, den Art Club, gibt, wo jeden Abend die Surrealisten sind. Ich bin halt auch hingegangen. Und war dann fast jeden Abend dort. Immer dann, wenn ich einen Schilling g'habt hab. Das Trinkgeld für die Garderobe. Das war das Wichtigste. Sonst hätt' ich mich geniert. Manchmal hab' ich Bücher versetzt, um den *Garderoben-Schilling* zu kriegen. So hab' ich meine Anatole-France-Sammlung verschleudert. An die erste Fotoausstellung vom Ferry Radax kann ich mich noch gut erinnern. Die war, glaub ich, schon im Winter 1952. Es war damals eine gemischte Gesellschaft, eine *gemischte Partie* wie der Qualtinger gesagt hat: Der Max Lersch, der Schmähführer. Der Ernst Fuchs. Er war der mit Abstand beste Tänzer von allen, er hat den Schulterschwung perfekt beherrscht. Der Konrad Bayer, er hat den schönsten Blazer g'habt. Marineblau. Und der Maler Mikl die schönsten Schuhe. Der hat nie was gegessen, damit er nach Florenz fahren kann, per Autostopp, um sich die feinsten Schuhe machen zu lassen. Wir haben ihn immer geärgert: Vergiss deinen Schuhmacher in Florenz. Da gibt's den kleinen Schuster, den Geheimtipp in der Gudrunstraße, der ist billiger und viel besser."

Artmann erinnert sich viele Jahre später auch an die Maler Hubert Aratym und Wolfgang Hutter, „die waren auch immer sehr aufs Äußere bedacht. Zwei elegante Burschen. Wir haben damals alle ein armseliges Leben geführt – aber gepflegt und elegant war' ma immer. Alle haben wettgeeifert, wer der eleganteste Bursch ist. Und wir haben einen Krawatten-Kult betrieben. Wenn ich dran denk' ... heut' bin ich froh, dass ich beim T-Shirt gelandet bin. Über Kunst wurde fast nie gesprochen. Eher über Schuhe und Krawatten. Dandy-Gespräche halt. Man hat einfach fesch sein müssen, damals. Und jeder hat irrsinnige G'schichterln erzählt. Der Kurt Moldovan in seinem ‚Harris Tweed'-Sakko mit dem Riesenkaro, der hat so gut erzählen können. Von seinen Reisen, von Abenteuern. Von anständigen und unanständigen."

Manchmal ist Fürst Schwarzenberg in den „Strohkoffer" gekommen: „Ich glaub', er war damals mit der Judith Holzmeister liiert. Er war ein ein bissl zu fescher Mann. Natürlich immer hochelegant gekleidet. Der Schnurrbart war gefärbt. Sofort beim Runterkommen hat er immer ‚eine Flasche Langenloiser für die Herrn Künstler' bestellt. Irgendwie hat er das komisch ausgesprochen, bissl auf Französisch – ‚Lonschloise'. Hauptsache, wir haben was zu trinken g'habt. Wir haben ja kein Geld gehabt, um uns was zu kaufen. Ich war nächtelang im ‚Strohkoffer' und hab' nur Wasser getrunken. Wenn dann der Fürst mit dem g'färbten Bart kommen is', hamm alle g'jubelt.

Und auch erotische Frauen waren immer unten. Die Joana, „Bienchen", Traudl Köchert und die Johanna Schidlo, sie war eine wunderbare Tänzerin. Die „Absi", die Weberin Hilde Absalon mit den roten Haaren, Helga Philipp, Kiki Kogelnik. Und die beiden mutigsten Mädels: Carla mit dem riesigen weißen Hut, auf dem mit blauer Schrift „Carla" stand. Und Gina, die Freundin vom Konrad Bayer. Die hat Stöckelschuhe getragen, an denen Glockerln bimmelten."

Artmann erinnert sich an die langen Nächte: „In der Früh bin ich dann zu Fuß nach Breitensee gegangen. Für die Straßenbahn hab' ich ja kein Geld gehabt. Das waren mehr als sechs Kilometer Fußmarsch. Ich war zügig unterwegs. Ungefähr eine Stunde hab' ich gebraucht. Da waren nur Milch- und Müllautos auf den Straßen. Manchmal hat mir die Mama zu Haus' noch eine Suppe aufgewärmt. Wenn ich vom ‚Strohkoffer' nach Hause gekommen bin, war ich dann immer so aufgekratzt, dass ich noch ein paar Gedichte geschrieben hab'. Und dann Schlafen bis Nachmittag. Wunderbar ..."

Mädln hat er nie nach Hause mitbringen dürfen: „Wir haben halt immer auf der Straße g'schmust. Aber ich hab mich um die Mädchen sehr bemühen müssen. Ich hab nie eine aufreißen können, ich war immer zu schüchtern. Meistens haben sie mich angesprochen – dann hat's funktioniert. Ich war auch nur ein einziges Mal in der Tanzschule. In Hietzing. Es war so peinlich – ich hab mich nicht getraut, eine anzusprechen. Nach 1945 hab ich viel getanzt. Aber auch nur, wenn ich was getrunken hab'. In der Weihburggasse. Unten in der Sauna, da hat der Ossi Wiener Kornett gespielt. Und ich hab' dort viel getanzt."

Im Jänner 1953 wird im „Strohkoffer" wieder eine Hundertwasser-Ausstellung präsentiert. Es sollte die letzte Veranstaltung des Art Clubs werden. Ende Februar wird der Mietvertrag annulliert, das inzwischen ziemlich abgewrackte Kellerlokal wird geschlossen. Es kamen immer mehr Menschen, die Künstler schauen wollten, und die letzten Künstler, die da waren, stritten. Der Art Club übersiedelte in den ersten Stock des Dom Cafés in der

Singerstraße. Alfred Schmeller, der Vizepräsident der Künstlervereinigung, zog sich schon Wochen zuvor zurück und stellte fest: „Es rieselt im Gebälk des Art Clubs. Man duelliert sich mit dem Sie-Wort ..."

Doch trotzdem wird schon am 28. Februar von Albert Paris Gütersloh im Dom Café die erste Ausstellung in den neuen Räumlichkeiten eröffnet. Neben Lithografien und Radierungen von Henri Matisse wird je ein Werk der (verbliebenen) Mitglieder präsentiert. Von ein paar Abtrünnigen, für die sich der Art Club zu akademisch entwickelte, wird eine Gegen-Bewegung gegründet: „Die Hundstruppe". Als Antwort auf die brav und bieder gewordenen Mitglieder des Art Clubs treten die sich neu formierten Künstler aggressiv und unbeherrscht auf. Die wesentlichsten Protagonisten der Splittergruppe sind Arik Brauer, Ernst Fuchs, Maria Lassnig und Arnulf Rainer, der seine Bilder mit *trrrr* signiert.

Schon die erste Ausstellung der „Hundstruppe"-Künstler unter dem Titel „cave canem" wird zum Skandal. Die „Geräuschsymphonie" von Gerhard Rühm und dem Pianisten Hans Kann, eine Montage von lärmenden Klängen auf Tonband, ist mit dem Kulturbegriff der Öffentlichkeit nicht kompatibel. Die Eröffnungsveranstaltung der *jungen Wilden* wird zum Wiener Stadtgespräch und erregt derart die Gemüter, dass es zu keiner weiteren Ausstellung mehr kommt.

IM CLUB DER TOLLEN DICHTER

Von poetischen Proclamationen und alkoholbunten Sprachartisten

1952 kehrt H. C. Artmann von einem längeren Aufenthalt in der Schweiz nach Wien zurück. „Sein Erscheinen brachte entscheidende literarische Impulse, er machte uns mit neuen Namen bekannt, Jean Genet, Samuel Beckett, Eugène Ionesco, Michel de Ghelderode – sie waren in Frankreich soeben im Kommen – und die modernen Spanier, die er übersetzte", berichtet Gerhard Rühm im Vorwort des Buches „Die Wiener Gruppe". Rühm fasste 1967 die ursprünglichen Angaben im Bericht von Konrad Bayer „Hans Carl Artmann und die Wiener Dichtergruppe" zusammen und ergänzte sie.

Ein Jahr später wird aus dem losen Kontakt zwischen Artmann und Rühm ein freundschaftliches Verhältnis. Man trifft sich regelmäßig. Vor allem im „Club Exil", der nur aus einem einzigen Raum besteht. Die Atmosphäre des Existenzialistenlokals gibt ein Artikel in der „Presse" vom 22. Jänner 1955 wieder: „Ein Klub, der auch von Journalisten belagert ist, die nach Sensationen suchen. Es gibt nirgends sonst – auch im Ausland nicht – einen Klub, in dem alle Kunstrichtungen, sowohl die bildende als auch die Musik und die Literatur, aber auch die Graphik und die künstlerische Fotographie vertreten sind …"

Oder Artmann und Rühm verabreden sich im Café Glory schräg gegenüber der Universität. Hier diskutiert man einmal auch mit chilenischen Anarchisten über „eine methodische Hervorbringung von Literatur", die es jedem ermöglichen sollte, zu dichten. Artmanns Sprachkenntnisse erleichtern das Gespräch. Spätnachts zieht man in den „franciscan catacombes club" in der Ballgasse 10 weiter.

Man diskutiert viel und heftig. Über die „Dada-Bewegung", die Konstruktivisten und Surrealisten, über Bücher wie „dichtung und dichter der zeit – im banne des expressionismus" oder die „Anthologie der Abseitigen". Auch auf dem Stück gemeinsamen Heimweges in Richtung Breitensee, bis zur Wohnung Rühms am Neubau – wenn es für die letzte Straßenbahn zu spät geworden war oder es nach dem letzten kleinen Mokka für das Fahrgeld nicht mehr reichte –, erkennen Artmann und Rühm Dichter, die als Außenseiter abgetan wurden, als Vorbilder. Immer wieder „diskutiert man den Wunsch nach elementarer Reduktion der Sprache und den Austausch von Traditionellem durch Unkonventionelles".

Der Kreis um den durch mehrere Auslandsaufenthalte hyperaktiven Artmann wird immer größer. Das träge literarische Leben und das vorwiegend reaktionäre Kunstverständnis im Wien zu Beginn der 1950er-Jahre sind für den Dichter die Motivation, aktiv zu werden. Mit einer „edlen, lauteren vollbringung" – ohne den „bazillus der prostitution". H. C. Artmann gilt für die Jungen als „poetischer Initiator". Für Konrad Bayer ist Artmann der „Meister", er ist von seinen Auftritten fasziniert, er wird sein „kumpan, dann verehrer, aufmerksamer hörer und mitstreiter für die gute sache der poesie." Später stellt Bayer fest „artmann war mir anschauung, beweis, daß die existenz des dichters möglich ist."

Im April 1953 setzt H. C. Artmann mit der Verkündung der „acht-punkte-proklamation des poetischen actes" eine wesentliche Innovation in der österreichischen Nachkriegsliteratur, die damals von der Öffentlichkeit nur milde belächelt wurde.

Im Herbst des Jahres 2000 meint Artmann zurückblickend: „Ich würde heute alles anders formulieren, nicht so gespreizt, viel weniger pathetisch ..." 1953 hieß es jedenfalls bei diesem „act des herzens", einer mit „heiterer demut" aufgestellten Proklamation:

„es gibt einen Satz, der unangreifbar ist, nämlich der, dass man dichter sein kann, ohne auch irgendjemals ein wort geschrieben oder gesprochen zu haben. vorbedingung ist aber der mehr oder minder gefühlte wunsch, poetisch handeln zu wollen. die alogische geste selbst kann, derart ausgeführt, zu einem act ausgezeichneter schönheit, ja zum gedicht erhoben werden. schönheit allerdings ist ein begriff, der sich hier in einem sehr geweiteten spielraum bewegen darf."

1.

der poetische act ist jene dichtung,
die jede wiedergabe aus zweiter hand ablehnt,
das heisst, jede vermittlung
durch sprache, musik oder schrift.

2.

der poetische act ist dichtung
um der reinen dichtung willen. er ist reine dichtung
und frei von aller ambition nach
anerkennung, lob oder kritik.

3.

ein poetischer act wird vielleicht nur durch zufall
der öffentlichkeit überliefert werden.
das jedoch ist in hundert fällen ein einziges mal.
es darf aus rücksicht auf seine schönheit
und lauterkeit erst gar nicht in der absicht geschehen,
publik zu werden, denn er ist ein act
des herzens und der heidnischen bescheidenheit.

4.

der poetische act ist starkbewusst extemporiert
und ist alles andere als eine bloße
poetische situation, die keineswegs
des dichters bedürfte.
in eine solche könnte jeder trottel geraten,
ohne es jemals gewahr zu werden.

5.

der poetische act ist die pose in ihrer edelsten form,
frei von jeder eitelkeit und voll heiterer demut.

6.

zu den verehrungswürdigsten meistern
des poetischen actes zählen wir in erster linie
den satanistisch-elegischen c. d. nero
und vor allem unseren herrn,
den philosophisch-menschlichen don quijote.

7.

der poetische act ist materiell vollkommen wertlos
und birgt deshalb von vorherein
nie den bazillus der prostitution.
seine lautete vollbringung ist schlechthin edel.

8.

der vollzogene poetische act,
in unserer erinnerung aufgezeichnet,
ist einer der wenigen reichtümer,
die wir tatsächlich unentreissbar
mit uns tragen können.

„Nicht jeder Trottel" könne allerdings einen „poetischen act" vollziehen, meint Artmann, ein Dichter brauche die Fähigkeit, den Akt zu „extemporieren", er müsse ihn erkennen und ausarbeiten, um ihn vermitteln zu können.

Als Fortsetzung des „poetischen actes" werden auch „poetische demonstrationen" veranstaltet. Der Anführer Artmann und seine Freunde rufen am Samstag, dem 22. August 1953 um 20 Uhr zu einer „makaberen soirée aux amants funèbres" auf. Als „decor" wird vorgeschrieben: „weiße astern oder chrysanthemen, schwarze kleidung (altfränkisch), schleifen aus schwarzem flor, schleier, räucherwerk, lampions und schwarzsilberne candelaber." Die Prozessionsteilnehmer mit weiß geschminkten Gesichtern werden von Lampion-Trägern und der „melancholie eines efeubekränzten flötenspielers" begleitet. Während aus den Œuvres von Baudelaire, Poe, Trakl und Ramón Gómez de la Serna deklamiert wird, sollen die „weißen blumen der morbidität vor sich getragen" werden. Die Verbrennung von „solemnem räucherwerk soll die profunde anmut der ceremonie" unterstreichen.

Die Route der Prozession ist präzise vorgegeben: Goethedenkmal – Oper – Kärntner Straße – Stephansplatz – Rotenturmstraße – Espresso Stambul (für kurze Erfrischungen) – Uraniabrücke – Franzensbrücke – Hauptallee – und schließlich die „Illusionsbahn" im Prater. Doch so weit gelangt die literarische Kundgebung, die Gerhard Rühm als „dokumentierten Protest gegen das Konventionelle, Anonyme, Normative" bezeichnet, nicht.

Auf dem Weg von der Urania zur Kärntner Straße kommt es zu heftigen Tumulten mit „konventionellen, anonymen, normativen" Passanten, die am Weg von der Arbeit nach Hause durch diese „seltsamen Künstler" nicht aufgehalten werden wollen. Bloß ein paar Prostituierte finden den Umzug lustig. Ein mittleres Verkehrschaos entsteht. Polizei schreitet energisch ein. Die Kundgebung wird aufgelöst. Die Teilnehmer der „poetischen demonstration mit feierlichkeit und tiefer stille" ziehen sich entmutigt und erschöpft in den „Strohkoffer" zurück.

Eine „Soiree mit illuminierten Vogelkäfigen", ein „pompösmacabres fest zu ehren der französischen revolution in jakobinerkleidung", fiktive Hinrichtungen und schwarze Messen runden die „macabren" Aktivitäten ab. Mitunter, wie beim „Fest des heiligen Simeon, quasi una fantasmagoria" am 5. Februar 1954, überstürzen sich die Ereignisse und ufern in ein chaotisches Happening aus: „die schwarze messe kommt nicht recht zustande, die versprochene jungfrau erscheint nicht, die tote taube ist von den ratten gefressen, der satanspriester otto zokan liegt bewußtlos trunken in seinem kohlenkeller, ein übler dilettant muß ihn ersetzen. Aber oswald wiener darf raimund ferra in einem schubkarren durch die unterirdischen gänge fahren und in eine grube schütten, wo wir das opfer mit erde bedecken und mit rum besprengen."

Immer mehr Freunde und Sympathisanten scharen sich um Artmann. Er ist zwar ein Einzelgänger – aber der introvertierte Zweifler hat die Gabe, Menschen an sich zu binden, ihre künstlerische Biografie mit seiner zu verknüpfen. In „weltdichtung" bemerkt Ernst Jandl: „wer damals, auf ähnlicher bahn befindlich, mit artmann und rühm, tangential zur ‚wiener gruppe' als ganzem, freundschaft schloss, wie (1956) friederike mayröcker, oder ich, konnte, und durfte, weil verwandt nach herkunft und ziel, sich der wirkung der beiden nicht entziehen ..."

Die später als „Wiener Gruppe" in die Literaturgeschichte eingegangene informelle Künstlervereinigung formiert sich sukzessive zwischen 1952 und 1954. Damals schon mit dabei sind später international anerkannte Künstler wie Friedrich Achleitner, Oswald Wiener und Konrad Bayer. Der Verfasser experimenteller Lyrik und Prosa ist der provokanteste und rätselhafteste Kopf der „Wiener Gruppe". Der literarische Außenseiter will fliegen lernen und begreift nicht, dass er sich nicht unsichtbar machen kann. Sein Schlüsselwerk avantgardistischer Prosa wird erst nach seinem Tod veröffentlicht.

Artmann & Co lehnen sich gegen das Dumpfe und die Dummheit, gegen Ignoranz und Intoleranz auf. Durch die massive öffentliche Ablehnung sind die Freunde aufeinander angewiesen, um nicht vom Kulturbetrieb noch abgekapselter zu sein. Die provozierenden Freigeister verbringen nicht nur Nacht für Nacht in Bars und unterirdischen Labyrinthen, um das „Territorium der Sprache" abzustecken, sie schockieren die Öffentlichkeit auch auf der Bühne. Als „literarisches cabaret" mit handfesten Auftritten.

Meist stand die Kriminalpolizei hinter dem Vorhang und kontrollierte jede einzelne Darbietung.

Friedrich Achleitner erinnerte sich vier Jahrzehnte später: „Wenn man jetzt Wasser in den Saal einlassen würde, dann hätten die Zuseher das bereits als ganz normal empfunden. Das Publikum war schon so präpariert, dass es eigentlich alles erwartet hat ... Es ging weniger um die Werke der Dichter und um ihre mögliche Wirkung auf das Publikum, sondern um Konfrontation, um das Brechen aller Konventionen: ‚Das Leben ist der Stil.'"

Auch Oswald Wiener beschreibt eine Episode des „literarischen cabarets": „achi (Achleitner) bewegte sich mit rhythmisch eingezogenem mund auf fersen und zehen von links nach rechts über die bühne, ohne die füsse vom boden zu heben … meine mundgeräusche gingen im beifallstaumel unter, zumal ich ja kein mikrophon zur verfügung hatte."

Die unbekümmerten *Sprachartisten* wollten den Sinn für Ästhetik schärfen und zu Abenteuern verführen. Dorothea Zeemann, Heimito von Doderers schreibende Lieblings-Muse, schwärmte als Erste von dieser neuen Dichtergruppe: „Ihre Haut ist glatt, auch unrasiert ist sie glatt, und ungewaschen riechen sie frisch, auch wenn sie stark riechen. Sie bewegen sich flink, immer animiert, nichts hemmt sie ... sie sind verschieden und nur darin gleich, daß sie aberwitzig, mutwillig und unbekümmert mit Formen spielen. Dada, Valentin, Wittgenstein: Sprache als Inhalt."

Eine weitere schillernde, kaum einzuordnende Figur der „Wiener Gruppe" war Oswald Wiener, ein Kybernetiker und besessener Zertrümmerer der Sprache. Er entwarf sehr früh ein Bild des Cyberspace: Ein Glücksanzug entfaltet Wohlbefinden in der Fusion von Mensch und Maschine: „der zu adaptierende mensch wird pausenlos nach seinen bedürfnissen abgetastet, solang bis dieselben zum zwecke erhöhten lustgewinns vom adapter selbst erzeugt werden können … in erster linie ist hierbei an alle formen der ekstase zu denken … befindet sich der bio-modul im zustande sexueller erregung, so stösst er alsbald auf eine umwelt, die dieser erregung im höchsten grade förderlich ist. alle ihm begegnenden menschen blicken ihn lüstern an."

Als „Zivilkonsulent für Fragen der Lebensart" firmierte Oswald Wiener vor mehr als 50 Jahren auf seinem Briefpapier. Und bot verschiedenste Dienste an: „Ideen für Kunst, Literatur, zwischengeschlechtliche Beziehungen, Prognosen in Philosophie, Politik, Zeitgeist".

Das zentrale Thema des unermüdlichen Kybernetikers, Schriftstellers und Sprachtheoretikers ist ein Leben lang die Fragestellung nach der Rolle der Sprache in der Wahrnehmung und in der wirklichen Welt: „Sprachphilosophie" – auf die er stößt, nachdem er 1955 in einem Antiquariat das Werk eines streitbaren Philosophen und ewigen Zweiflers entdeckt und entwendet: Ludwig Wittgensteins „Tractatus logico-philosophicus".

Und auch Oswald Wiener gefiel sich als Skeptiker, als er schrieb: „Die Quantentheorie wurde bekanntlich mit dem Arsch ersessen." Seine Texte wurden zuerst in der Literaturzeitschrift „manuskripte" publiziert und erschienen 1969 unter dem Titel „Die Verbesserung von Mitteleuropa, Roman". Ein Buch, das mit allen literarischen Konventionen brach, das die Sprache zertrümmerte und neu zusammensetzte. Auch wenn das deutsche Nachrichtenmagazin „Der Spiegel" den Avantgarde-Autor als „Anwalt der Schizoiden" bezeichnete, galt das thematisch nicht einzuordnende Werk bald als ein Kultbuch der experimentellen Nachkriegsliteratur. Und wurde in der Kulturszene als heißer Geheimtipp gehandelt. Der damals 26-jährige Peter Handke glaubte zu erkennen, es sei jenes „Buch, das von allen Büchern der letzten Jahre vielleicht am meisten in Bewegung setzen wird."

1959 sprengte Oswald Wiener die „Wiener Gruppe". In einem Interview mit dem NDR-Fernsehen erläuterte er, „dass in der Literatur keine Zukunft für mich zu finden sei". Zehn Jahre später schrieb er: „aus vielen sätzen folgt erst recht ein schmarrn, und so sitze ich jetzt da und schreibe, wundere mich was für sonderbare änderungen mit mir passiert sind in den letzten jahren seit den ersten zeilen, von denen ich kein wort mehr verstehe …"

Der satirische, intermediale Künstler Gerhard Rühm, eine andere prägende Figur der Künstlervereinigung, akzeptierte ein Leben lang keine Trennungslinien zwischen Musik, Dichtung und bildender Kunst. Er zeichnete auch mit geschlossenen Augen. Für eine großformatige „Wurfzeichnung" schleuderte er den Bleistift so lange aufs Papier, bis er ein winziges Rechteck in der Mitte traf.

Der Weg zu einem genialen Grenzgänger zwischen Realität und Fantasie ist schon früh vorgezeichnet. In einer Zeit, in der laut einer 1955 erschienenen *Vaterlandskunde* „Haydn, Mozart, Beethoven, Schubert, Burgtheater, Staatsoper, Philharmoniker, Wiener Sängerknaben und Salzburger Festspiele" die Ideale österreichischer Kultur sind. Gerhard Rühm erinnert sich als über 80-Jähriger in einem Gespräch in der elterlichen Wiener Wohnung in der Westbahnstraße: „Es war eine kunstfeindliche Stimmung. Als die Zeit für ‚Kunst im öffentlichen Raum' kam, erhielt ich den Auftrag, eine Plastik für einen Kinderspielplatz zu gestalten. Das wäre die erste *Wortplastik* der Kunstgeschichte gewesen. Im letzten Moment wurde sie verhindert. Damals steckte in den Köpfen der Menschen noch der Ausdruck *entartete Kunst.* Es gab eine schwarze Liste von Künstlern, die nicht gefördert werden durften. Darunter Maria Lassnig oder Arnulf Rainer – heute haben wir alle den Großen Österreichischen Staatspreis, damals waren wir verfemt."

In der Kunstszene dieser Zeit bewegt sich auch der androgyne, schöne Christian Ludwig Attersee, der sich nackt als *Mann-Frau* präsentiert, immer als Einzelgänger, als Gegenpol zum Wiener Aktionismus: „Ich hatte das Gefühl, mich freihalten zu müssen, um meine eigene Kunst zu machen, meine Ess-Events mit meinen Erfindungen zur Speisenwelt oder mein Objekt ‚Was Schönes,

1967' – ein drei mal drei Meter großer, aufblasbarer Schwabbelpolster mit Blumen und Weihnachts-Sprühlichtkerzen."

Zwei Jahre lang hatte Attersee „kein Zimmer und kein Bett", schläft oft im Café Hawelka, in Weinlokalen oder bei Freunden. Gerhard Rühm war sein Mentor, „meine schützende Hand, die mein Talent erkannte." Es ist die Zeit, in der die ersten Bilderzyklen „Wetterbilder" und „Regenbogenanomalien" entstehen. Bald wird Christian Ludwig Attersee in der europäischen Pop Art-Bewegung bekannt.

Auch durch Skandale. Wie jenem im April 1966 am Berliner Kurfürstendamm, in der vom Avantarde-Fotografen Benjamin Katz gegründeten Galerie „Werner & Katz": H. C. Artmann verzauberte die Berliner Avantgarde mit Poesie, Gerhard Rühm erstaunte mit Abhandlungen über das Weltall und Attersee präsentierte in seiner allerersten *One-Man-Show* neben dem „Würfelbüstenhalter" auch das Objekt „Vagina". Die „BILD-Zeitung" berichtete auf der Titelseite über die Provokation des Österreichers – das Kunstwerk musste unverzüglich aus der Ausstellung entfernt werden.

Auch Arnulf Rainer und Maria Lassnig suchten Anerkennung im Ausland. Ab dem Jahr 1951 reiste das Paar mehrmals gemeinsam nach Paris. Die neu aufkommenden informellen Tendenzen inspirierten sie. Man traf André Breton, den wichtigsten Theoretiker des Surrealismus, die *action-painter* Jackson Pollock und Jean-Paul Riopelle. Sie alle beeinflussten Rainer und Lassnig künstlerisch für eine gewisse Zeit. Nach seiner Rückkehr verfasste Rainer den theoretischen Text „Malerei, um die Malerei zu verlassen". Die manische Suche nach neuen Wegen in der Kunst des exzentrischen Provokateurs begann.

1955 fand in Otto Mauers Galerie nächst St. Stephan Arnulf Rainers erste Einzelpräsentation und im März 1960 die Ausstellung der *Übermalungen* statt. Zehn Tage später präsentierte Maria Lassnig in der Galerie des Priesters und Kunstsammlers Mauer ihre Werke. Bereits ab 1953 wandte sich Rainer der *Formzerstö-*

rung zu: Er verband sich bei der Gestaltung von *Blindzeichnungen* die Augen, weil er keine Eindrücke aus der Außenwelt verarbeiten wollte, und begab sich immer wieder in die Nähe zum Wiener Aktionismus. Mitte der 1960er-Jahre experimentierte er mit Rauschgift, malte entfesselt im Drogenrausch und betrieb Studien in psychiatrischen Anstalten.

Mit Überarbeitungen von Fotoporträts und Kreuzigungsszenen sorgte er für Skandale. Später malte er so aggressiv, dass ihm immer wieder der Pinsel zerbrach, worauf er mit den bloßen Händen die Ölfarbe aufs Bild klatschte. Bis die Fingerkuppen bluteten. Seither ist die *Fingermalerei* ein Teil seines Repertoires. 1968 verhaftet ihn die Polizei am Stephansplatz, weil er sein Gesicht *rituell* bemalt hat. Als ihm sechs Jahre später der Kunstpreis der Stadt Wien verliehen werden sollte, verweigert er die Teilnahme an der Übergabezeremonie – der Preis wird Rainer wieder aberkannt.

Die „Wiener Gruppe" formiert sich als Antwort der künstlerischen Avantgarde auf die rigide Kultursituation in Österreich. Man will provozieren, das künstlerische Empfinden wachrütteln. Während man untertags gemeinsame Ausflüge ins Grüne wie in die Hütteldorfer Lupusanstalt unternahm, veranstaltete man abends chaotische Happenings, zumeist von der Jazzband „jesus christbaum" begleitet.

Auch Friedrich Achleitner schloss sich dieser künstlerischen Kompanie und ihrer sprachexperimentellen Revolution an. Beim Schreiben besann er sich seines oberösterreichischen Dialekts: „koa oanung/von duddn und blosn//owa//a nosn/a nosn//middn im gsichd". Eine seiner frühen Aktionen beim ersten „literarischen cabaret" des Jahres 1968 heißt „friedrich wird eine flasche süßen grauen bieres trinken", erinnerte sich Achleitner Jahrzehnte später: „Da hab' ich dann halt ein Bier getrunken. Wir dachten, dass konkrete Kunst auch in der Poesie anwendbar ist. Wahrscheinlich haben wir uns geirrt …"

Friedrich Achleitner war das ruhigste Mitglied der schrillen Gruppe und agierte bei Aktionen gerne im Hintergrund, zumeist unauffällig. Außer am 15. April 1959 im Porrhaus am Wiener Karlsplatz. Beim ersten künstlerischen Happening Österreichs. Als Höhepunkt zertrümmerten in der Aktion „2 welten" Achleitner und Rühm – ihre Gesichter sind durch Fechtmasken geschützt – ein Klavier auf der Bühne. Die Öffentlichkeit war nach mehreren empörten Boulevard-Berichten aufgebracht: ein Skandal! Vor allem, dass man in der Musikstadt Wien einen Flügel zerhackt, ist unfassbar … Für Friedrich Achleitner war diese Zeit auch eine Flucht aus der engen Nachkriegswelt: „Kunst gab mir Lebenssinn – voller Vitalität, einerseits grau und manchmal auch sehr alkoholbunt."

Für die Sammlung mit Dialektgedichten „hosn rosn baa", die Achleitner gemeinsam mit Artmann und Rühm 1959 herausbringt, gelang es den Avantgardisten, einen der großen Romanciers Österreichs zu einem Vorwort zu überreden: Heimito von Doderer attestierte den Dialektgedichten von Artmann & Co einen „noch unentdeckten Sprachbereich mit parodierendem Charakter, der an Karl Kraus denken lässt."

In einem tiefen, weitläufigen Keller, den H. C. Artmann durch Zufall entdeckt, wird ein Theater gegründet: „die kleine schaubühne". Doch zuvor musste man noch Berge von Abfall und Schutt entfernen. Unter dem neuen Treffpunkt der Avantgarde befinden sich Katakomben – daher liegt es nahe, das riesige unterirdische Labyrinth „franciscan catacombes club" zu nennen – eine Art Partykeller für Künstler. Ein Club der tollen Dichter.

Hier trifft man sich regelmäßig, Lesungen und Konzerte werden veranstaltet, Laien versuchen sich an von Artmann kreierten Pantomimen. Und hier im Club finden auch die meisten der *macabren feste* und *poetischen posen in ihrer edelsten form* statt. Zumeist nur vor geladenem Freundeskreis. Doch schon bald ahnt man draußen, was sich im Keller des Hauses Ballgasse 10 abspielt.

Während einer „schwarzen Messe" geht ein Polizist an dem nur angelehnten, verschimmelten Holztor des Clubs vorbei. Seltsame Geräusche wie Stöhnen, Quietschen und schrille, atonale Musik lassen das Exekutivorgan zielstrebig den Weg in den Keller suchen. Bei ein, zwei Stamperln Inländer-Rum kann er zwar von der Harmlosigkeit der rituellen Veranstaltung überzeugt werden – die nackten Mädchen haben sich inzwischen auch wieder angezogen –, doch am nächsten Tag wird dem verantwortlichen Veranstalter Artmann nahegelegt, mit diesem seltsamen Treiben aufzuhören. Längst wurden die Happenings von der Öffentlichkeit mit Ablehnung und völligem Unverständnis betrachtet: Mehrere Boulevard-Zeitungen berichteten bereits von den „Keller-Orgien im Herzen Wiens".

Mitunter liest man aber auch positive Situationsberichte aus dem Exil der verfemten künstlerischen Aufreger. Wie in der „Presse": „Künstler mit Ambitionen und solche mit Namen – Besucher, die schockiert, und solche, die begeistert sind – ein gutes Geschäft für den Besitzer: das ist das ‚Exil', das ist Wiens Existentialistenlokal par excellence. Komprimiert auf einen Raum, zentralisiert in einem Klub, weil sie mehr nicht füllen könnten. Es gibt nirgends sonst, auch im Ausland nicht, einen Klub, in dem alle Kunstrichtungen, sowohl die bildende als auch die Musik und die Literatur, aber auch die Graphik und die künstlerische Photographie vertreten sind."

Gerhard Rühm meinte, dass die Mehrheit der Bevölkerung inzwischen vieles gegen die nazistische Kriegspolitik, aber „im Grunde nichts gegen die *gesunde* Kulturpolitik einzuwenden gehabt hatte. Jetzt, da man der *entarteten* Kunst wieder offen begegnen konnte, erregte sie die Gemüter oft bis zu Handgreiflichkeiten."

Der damals schon arrivierte Heimito von Doderer solidarisiert sich mit den Jungen: Nachdem, obwohl ihm zuvor der „Kurier"-Kultur-Ressortleiter den Platz versprochen hatte, Texte der

Dichter-Gruppe nicht erscheinen durften, beweist der Romancier Haltung und zieht sich aus Protest zurück. Danach veröffentlicht Heimito von Doderer nie wieder in der Wiener Tageszeitung.

Als am frühen Morgen des 21. Februar 1954 bei der „soirée mit illuminierten vogelkäfigen" die laute Musik der Jazzband „jesus christbaum" und die Kornett-Klänge Oswald Wieners durch die Ballgasse dringen, muss der Club aufgelöst und der Keller endgültig geschlossen werden. Zu Silvester dieses Jahres plant man eine „Aktion gegen das Bürgerliche", gegen die „Dreivierteltakt-Tradition, die Wiener Walzer-Seligkeit". Treffpunkt ist die „Adebar" in der Annagasse 3.

Um gegen die Walzer-Musikfetzen, die von überall hörbar sind, ankämpfen zu können, werden als Verstärkung bei dieser „poetischen Silvester-Prozession" Musiker eingeladen, mitzumachen. Eine New-Orleans-Band marschiert an der Spitze des Zuges. Immer wieder versuchen Polizisten vergeblich, die Musiker am Weiterspielen zu hindern.

Am Stephansplatz angelangt, übertönen die Jazz-Musiker mit New-Orleans-Rhythmen den durch Lautsprecher erschallenden traditionellen Dreivierteltakt: „Zum Ärger der Älteren und zur Freude der Jungen". Die Zahl der Prozessionsteilnehmer wächst, immer mehr fröhlich betrunkene Passanten reihen sich ein. Im Morgengrauen endet die Silvester-Aktion vor dem Beethoven-Wohnhaus auf der Mölkerbastei, „lautstark mit Musik und Tanz".

Bald beschränkt die Freundesgruppe um H. C. Artmann ihre Aktionen nicht auf fröhliche Feste und „poetische posen", sondern die Aufbruchstimmung, die Neugierde, die in der Gruppe vorherrscht, soll auch die Öffentlichkeit aufrütteln.

Man will auch die politische Situation kommentieren. „Gebt mir einen Bogen Papier, eine (neue) Welt zu bauen", heißt es bei Konrad Bayer. Am 17. Mai 1955, zwei Tage nach Unterzeichnung des Staatsvertrages, gibt es die nächste Aktion der Künstler-Gruppe.

Ein „Manifest gegen die Wiederbewaffnung" wird von H. C. Artmann verfasst und von 25 Künstlern unterschrieben:

wir protestieren mit allem nachdruck
gegen das makabre kasperltheater
welches bei wiedereinführung einer
wie auch immer gearteten wehrmacht
auf österreichischem boden
zur aufführung gelangen würde …
wir alle haben noch genug vom letzten mal –
diesmal sei es ohne uns!
es ist eine bodenlose frechheit
eine unverschämtheit sondergleichen
zehn Jahre hindurch
antimilitärische propaganda zu betreiben
scheinheilig schutz und schund zu jaulen
zinnsoldaten und indianerfilme
(noch kleben die plakate ...)
als unmoralisch zu deklarieren –
und dann im ersten luftzug
einer sogenannten
endgültigen freiheit
die kaum schulentwachsene jugend
an die dreckflinten zu pressen!!!
das ist atavismus!!!
das ist neandertal!!!
das ist vorbereitung
zum legalisierten menschenfressertum!!!
wir rufen euch alle auf:
wehrt euch gegen diese barbarei!
lasst euch nicht durch radetzky-
deutschmeister und kaiserjägermarsch
aug und ohr auswischen …

pfeift auf den lorbeer
und lasst ihn den linsen …
genau so wie sich der kannibalismus
der urmenschen und höhlenbewohner
überlebt hat
muss nun endlich auch die soldatenspielerei
der Vergangenheit überantwortet werden!!!
ein österreich
das nach wiederbewaffnung schreit
ist mit dem quakfrosch zu vergleichen …

Ein Protestmarsch in der Wiener Innenstadt sollte das „Manifest gegen die Wiederbewaffnung" unterstützen. H. C. Artmann erinnerte sich viele Jahre später: „‚Österreich ist frei', hat es geheißen. Und wir wollten etwas gegen ein neues Bundesheer in Österreich machen. Das war uns damals ein Herzensbedürfnis, wir waren alle überzeugte Pazifisten. Auch der Gerhard Rühm. Aber mitgehen beim Protestmarsch hat er sich nicht getraut. Ich glaube, er hat Hemmungen vor seinem Vater gehabt, der war ja Philharmoniker und ziemlich bieder. Ein paar Mädchen wollten mitgehen. Aber das haben wir abgelehnt, das war damals eine reine Männersache ... Ich glaub', wir waren insgesamt nur sieben. Der Ossi Wiener war dabei, der Konrad Bayer, der Komponist Ernst Kölz. Wir wollten unbedingt verhaftet werden, um Aufmerksamkeit zu erwecken, wir sind auf die Pestsäule hinaufgeklettert, aber es ist lange nichts passiert. Die Passanten haben alle nur verschämt weggeschaut. Wir haben Transparente mitgetragen mit Parolen wie ‚Mozart Ja – Radetzkymarsch Nein!' Endlich ist dann die Polizei gekommen, wenigstens haben wir ein bissl Aufsehen erregt. Fast hätten wir eine Anzeige wegen Religionsstörung bekommen, weil der Dompfarrer gemeint hat, vor der Stephanskirche, wo wir mit unseren jämmerlichen Transparenterln gestanden sind, sei Kirchengrund. Im Wachzimmer sind wir kurz verhört worden. Die waren aber dann eh recht nett, und haben empfohlen, uns jetzt zu ‚zerstreuen'. Wir sind dann ins Kaffeehaus gegangen."

Wenige Tage danach findet eine weitere Aktion statt. Wieder vor einer Kirche, diesmal draußen an der Peripherie, am Platz vor der Pfarre Breitensee. In „Suche nach dem gestrigen Tag oder der Schnee auf einem heißen Brotwecken" beschreibt Artmann das diesmal völlig unpolitische Manifest als „souvenir einer commedia im freien": Die Gaslaternen sind noch nicht abgerissen, auch das grün gestrichene Blech-Schiffodrom steht damals noch zwischen Thujen und Fliedergebüschen. Regie bei der improvisierten Aufführung während der „small hours" führt Konrad Bayer, der auch gleichzeitig den „Glonnensalz" spielt. Neben ihm wirken der Maler Carolus „Tschutschu" Lehner und dessen bildschöne Schwester Ilsa sowie als „Negerin Hortensia" Ida Szigethy mit.

Lautstarke Streitereien zwischen dem Regisseur und dem störrischen Maler Lehner lassen den an modernem Theater uninteressierten Wachhund eines nahe gelegenen Holzlagers aufhorchen: Er heult hinter einer Planke *wie ein Wahnsinniger*. Das Gebell der aufgeschreckten Bestie und die lautstarken Diskussionen der Akteure hallen durch das nächtliche Breitensee.

Und einmal mehr muss die Exekutive eingreifen: Ein scheuer Revierinspektor der Wiener Sicherheitswache hockte schon die längste Zeit in einem der Fliederbüsche und kommt plötzlich aus seinem Versteck hervor, als die „Negerin Hortensia" gerade Folgendes deklamiert: „Wir beide zusammen werden ihm die Haut abnehmen. Indianer sind grausame Tiere, sie schneiden ihre Gefangenen lebend aus der Haut, sie essen vom Blut und vom rohen Fleisch ..." Das eine Hosenbein ist hochgerutscht, so hinkt der Polizist hinter einem Fliederbusch hervor: „Herrschaften, der Fasching is' schon längst vorüber, gemma, gemma, da is' a Kirchen und da hat keiner was verlorn ..." Daher muss die Welt-Uraufführung des Stückes „aufbruch nach amsterdam" frühzeitig abgebrochen werden.

DIKTATUR DER PROGRESSIVEN JUGEND

Halbstarke und Heidegger, Besäufnisse und Barockliteratur

Neben dem in Breitensee vorzeitig abgebrochenen Stück „aufbruch nach amsterdam" schreibt Artmann ab Herbst 1954 zügig eine Reihe von kurzen Stücken. Es entstehen „das los der edlen und gerechten", „mythologie des verlusts", „tod eines leuchtturms", „die missglückte luftreise", „nebel und blatt" und „lob der optik". Auf Anregung von Artmann beginnt sich die Gruppe in der Nationalbibliothek mit Barockliteratur zu befassen. „Die Studien griffen um sich", erinnert sich Rühm: „Wir entdeckten nun die deutsche Literatur neu, verfolgten eine von der Schule unterschlagene oder diskriminierte ‚zweite', unsere eigentliche Tradition zurück durch die gesamte Literaturgeschichte. Während wir ihre sehr nötige Revision, eine Richtigstellung der personellen Proportionen bedachten, hatten diese Auseinandersetzungen, vor allem mit der Barockliteratur, bei Artmann auch unmittelbare Auswirkungen auf seine eigene Produktion."

Die Gruppe um H. C. Artmann will nicht nur Avantgarde-Aktionen setzen, die von großen Teilen der Öffentlichkeit mit Unmut und Unverständnis aufgenommen werden, sondern Menschen darauf aufmerksam machen, dass es außer der Begeisterung für Backhendln und Walzerseligkeit noch anderes gibt. Man will die Sinne für Ästhetik schärfen und zu Abenteuern verführen. Und man fordert die Bevölkerung auf, sich auf Träume einzulassen. Als Urheber einer unkonventionellen Bewegung gilt es, noch „so manches richtig zu stellen".

Als sich die *Halbstarken-Debatte* in der Öffentlichkeit dem Höhepunkt nähert, plant man eine „diktatur der progressiven jugend". Sie soll gegen Autorität, Zwang und Regeln der konservativen Generation ihrer Eltern rebellieren dürfen. Oswald Wiener soll sie dabei unterstützen: Er soll das Erziehungs- und Schulsystem reformieren, völlig neu gestalten.

Gerhard Rühm erinnert sich im Vorwort des Buches „Die Wiener Gruppe": „Die Spießer hatten wieder einmal Schiss bekommen. Wir sahen das *Halbstarken-Problem* auf unsere Weise, wir begrüßten das rebellische Verhalten. Man müßte dem nur eine Richtung geben, natürlich die unsere. Wiener hatte mancherlei Kontakte zu diesen Kreisen. Auch Bayer. Es stellte sich heraus, daß sich die *Halbstarken* überraschend für moderne Kunst begeistern ließen. Ihr Jazz-Enthusiasmus war ein guter Anknüpfungspunkt, er machte sie empfänglich für alles Unkonventionelle, *Moderne.* Sie begannen auf Anraten Konzerte mit moderner Musik (zum Beispiel Webern) zu besuchen, anarchistische Literatur zu verschlingen. Verfremdete oder erfundene Vokabeln, die ihnen Wiener und Bayer zuspielten, wurden sofort in ihren Jargon aufgenommen – zu unserem nicht geringen Wohlgefallen. Da waren noch unverbaute, vorurteilsfreie Menschen, zu jedem Abenteuer bereit. Bei Artmann wurden die Chancen eines Staatsstreiches mit ihrer Hilfe diskutiert, eine Diktatur der progressiven Jugend über die saturierte, noch von der Naziideologie verseuchte ältere Generation. Wir verteilten bereits die Ressorts unter uns. An radikalen Programmpunkten fehlte es nicht. Ich weiß noch, daß wir die gesamte Presse (vor allem die Illustrierten) liquidieren, den Rundfunk bis zur völligen Umbesetzung und Programmneugestaltung schließen wollten (das Fernsehen gab's in Österreich noch nicht)."

Doch die Gruppe um H. C. Artmann, Konrad Bayer, Gerhard Rühm und Oswald Wiener hat mehr vor. Man will auch den Alltag revolutionieren: Kilometersteine am Straßenrand sollen in Zukunft „semantische signale" liefern und sich dadurch beim Vorbeifahren zu einem literarischen Gesamttext zusammenfügen. Düsenjäger sollen „laut- und wortgestalten“ in den Himmel zeichnen. Neon-Leuchtreklame sollte nicht mehr billiger Werbung dienen, sondern als „rhythmische konstellationen“ blinken und dadurch zu künstlerischen Lichtskulpturen werden.

Doch die Umsetzung der „umwälzenden Aktionen gegen so gut wie alles Bestehende“ ist im „Hinblick auf die fade Organisationsarbeit“ nicht möglich: „Die Vorstellung war uns immer schon ein ziemlich vollwertiger Ersatz für den Nachttopf, denn wir haben gepisst, wo und wann wir dazu Bedürfnis spürten. Wir kannten keine Rangordnung von ‚Wirklichkeiten‘, und eine Trennung von Geist und Materie ist uns meines Wissens auch nie zugestoßen. Jetzt ist, was ich denke. Die Verwirklichung einer Idee war uns oft als ihre Reproduktion langweilig – es sei denn, wir wollten uns von ihr überraschen lassen.“

Im Herbst des Jahres 1955 findet beim Maler Arnulf Rainer in Gainfarn bei Bad Vöslau ein recht ausgelassenes, legendär gewordenes Fest statt. Anlässlich der Weinlese wollte man in der Rainer-Familienvilla, die kurze Zeit zuvor verkauft und zur Devastierung freigegeben worden war, ein Winzerfest feiern. In „dessen allgemeinem Trubel“ treffen hier H. C. Artmann, Konrad Bayer und Gerhard Rühm erstmals mit Friedrich Achleitner, der damals als Architekt arbeitete, zusammen. Achleitner war mit mehreren Architekten gekommen, als Star der „arbeitsgruppe 4“ (Achleitner, Holzbauer, Kurrent und Spalt). Weil später einer abgesprungen war, wurden sie nur mehr die „dreiviertler“ genannt.

Friedrich Achleitner erinnert sich: „Bei endlosen Diskussionen hat man ‚irrsinnige‘ Zukunftsperspektiven entwickelt und Hoffnungen gehabt, ich muss es so sagen, obwohl ich das Wort irrsinnig überhaupt nicht mag. Wir waren damals um die zwanzig. Nur H. C. war dreißig, hatte arge Kriegserlebnisse hinter sich gehabt, über die er nicht sprechen wollte. Artmann war für uns ein literarisch unglaublich gebildeter Mensch, er hat die Surrealisten gekannt, die Spanier, und hat sich mit Sprachen beschäftigt. Es war merkwürdig. Es gab immer irgendwelche Treffen in Wohnungen, Ateliers oder auch Cafés, nicht selten mit Besäufnissen, und immer wieder fanden diese ganzen ‚Wiener Riten des Prüfens und Zulassens' statt: dieses Abtasten – darf der, ist er würdig oder nicht ..."

In jener Zeit veranstalten die Freunde auch das „flagello-mechanische manifest": Eine alte Schreibmaschine wird auf einem niederen Wagen durch die Wiener Innenstadt gezogen. Beschriebene Blätter werden abgestempelt und an Passanten verkauft. Journalisten werden in winzigem Puppengeschirr Kaffeetropfen und Kuchenbrösel serviert. Im Riesenrad und in der Tramway tragen Artmann und Rühm Dialektgedichte vor. Auf der Flöte vom Komponisten Ernst Kölz begleitet.

Das Unverständnis der Wiener ist grenzenlos. Man kann mit Begriffen wie „schneebitterer kataster der delfine … laterne die im maultier rasselt … schwimmende regellosigkeit einer kalligrafie … mausoleum für ein dessert ohne glasur … fakir nebst chilipfeifer minus asteroid …" nichts anfangen. Die Idee, in Grinzing einen „progressiven heurigen" zu veranstalten, wo Artmann und Rühm die aggressivsten Dialektgedichte vorbringen wollten, wird aufgrund des Desinteresses der Bevölkerung verworfen.

Im Juni 1957 tritt die literarische Gruppe um Artmann im „Theater in der Liliengasse" zu einer sechsstündigen Marathonlesung an. Unter dem Titel „Die Stimme der Literatur" empfiehlt der Kulturkritiker Alfred Schmeller die vielversprechende Veranstaltung: „Wenn angezeigt wird, wer morgen den Wotan singt, dann scheint es auch angebracht, auf eine Veranstaltung hinzuweisen, in der einige Dichter aufs Podium treten. Ein künstlerisches Harmonium: Sie fühlen sich durch manch grundlegende Gedanken verbunden. Morgen um 20 Uhr gibt ihnen das ‚Intime Theater' Gelegenheit, die Öffentlichkeit mit ihren Dichtungen bekanntzumachen. Theoretische Schriften werden verlesen und Lichtbilder projiziert, um die merkwürdige Wirkung des Schriftbildes und die Beziehungen der Worte auf einer weißen Fläche zu demonstrieren. Ich möchte auf diese Veranstaltung nachdrücklich hinweisen. Es ist richtig, mir ist auch nicht sehr wohl bei dem Gedanken an *abstrakte* Dichtung, ich weiß selbst nicht, ob ich damit etwas werde anfangen können. Aber ich kenne diese Dichter als ernsthafte Leute, und sie verdienen es jedenfalls, daß man sie anhört, und vielleicht kommt an diesem Abend eine Diskussion zustande. Es wäre jedenfalls sehr hübsch, wenn das p. t. intellektuelle Publikum zahlreich erscheinen würde ..."

Der flammende Aufruf des Kritikers und Sympathisanten Schmeller hat Erfolg: Unter regem Publikumsinteresse findet am nächsten Tag, dem 20. Juni 1957, die *Marathonlesung* statt. Der Kabarettist Gerhard Bronner hatte den literarischen Revoluzzern sein gepachtetes Lokal, das „Intime Theater", in einer „dankenswerten Laune" für eine Nacht zur Verfügung gestellt.

Schon bald eskaliert die Lesung zu einem lautstarken, chaotischen Durcheinander: Achleitner, Artmann, Bayer, Rühm und Wiener, deren alphabetische Namensfolge für diese *Monsterlesung* erstmals verwendet und ab dann für immer beibehalten wird, konkurrenzieren sich gegenseitig mit mitgebrachten Tonbändern, Projektionen, Einzel- und Simultanlesungen: „Zum Schluss schrien wir nur mehr uuuhhhuhhhu und grölten ...", erinnert sich H. C. Artmann mehr als vier Jahrzehnte später.

Das Publikum wurde immer unruhiger, Schlägereien können von befreundeten Studenten der Akademie der bildenden Künste gerade noch verhindert werden. Trotzdem dauert die Marathon-Lesung bis nach Mitternacht. Die Schriftstellerin und Kulturjournalistin Dorothea Zeemann erwähnte als Erste die „neue Wiener Dichtergruppe", die bald als „Wiener Gruppe" einen wesentlichen Stellenwert in der österreichischen Literaturszene einnehmen soll.

Am 23. Juni 1958 berichtete Zeemann im „Kurier", neben dem Spielplan der Wiener Festwochen (Staatsoper: „Elektra" / Burgtheater: „Weh' dem, der lügt" / Akademietheater: „Das Fräulein vom Kahlenberg" / Musikverein: Letztes Konzert des Karajan-Zyklus) und Anzeigen für Nivea-Creme, Panther-Rostschutz und der Suche nach einer „adretten, weiblichen Bürokraft", über eine Vorlesung in der Galerie St. Stephan der „Wiener Dichtergruppe": „Friedrich Achleitner und Gerhard Rühm, zwei von den fünfen, zu denen noch H. C. Artmann, Konrad Bayer und Oswald Wiener gehörten, lasen unter der Führung von Msg. Mauer Dichtungen vor, die sie Montagen nennen und die die ersten Ergebnisse ihrer Untersuchungen an der Sprache sind: „Der schöne Hut oder der häßliche Hut", „Eva (Eine Behauptung)" von Achleitner, „Montage mit Weiß", „Gestaltung mit Schnee" von Rühm und „Gelächter" von Rühm und Bayer. Profund schien hier das Missverständnis zwischen Publikum und Dichtern, wozu auch das Milieu beitrug. Denn die Lesung fand zwischen abstrakten Bildern von Rainer und Prachensky statt, welche nach der Interpretation Rainers einen Schlusspunkt setzten und nichts als den Tod bedeuten wollen. Modernismus, Expressionismus und Verzweiflung sind der Gruppe junger Dichter fern, die hier sehr ernst und dezidiert und undilettantisch behauptet, es gäbe überhaupt nichts als die Sprache und der Mensch sei in ihr und nur von ihr her neu zu erobern. Die Gruppe distanziert sich von allen Ismen wie Dadaismus und Futurismus, sie treibt nicht wie die Malerei eine gegenstandslose, abstrakte Kunst – die Ähnlichkeit mit der modernen Musik trifft noch am ehesten zu –, im Gegenteil, sie pflegt eine *konkrete Dichtung*, eine Bezeichnung, die sie, jeder Bezeichnung widerstrebend, zugesteht. Sie geht allein vom Wort aus, das Begriff oder Klangwert enthält, aber wie die Zahl in Arithmetik und Algebra verschiedene Bedeutung und verschiedene Funktion haben kann. Das Wort in seiner Konstellation (innerhalb des Sprachgebildes) unterscheidet sich vom Wort im Satz als Teil der Mitteilung. Aus dieser Beziehungserforschung erschloss sich ihr eine neuartige Poesie: gestaltet im Gedicht, in dem die Einzelworte am unmittelbarsten und unbeschwertesten ihre ungekannte Sprache zu sprechen beginnen, in der Prosa als entschlüsselter Bericht, als Reportage oder Montage mit ihren überraschenden Koppelungen, und im epigrammatischen Drama (Ionesco und Beckett mit ihrem alten Rüstzeug wie Symbol und Deutung hinter sich lassend), in dem der Vorgang ohne äußere Logik aus einer inneren Logik der Sprache bewegt wird. Die Wahrhaftigkeit ist das Kriterium im freien strengen Spiel der schöpferischen Phantasie, dessen Originalität aus der Konsequenz stammt. Wir bringen auf unserer nächsten Literaturseite Proben dieser Dichtung."

Doch dazu kam es nie. H. C. Artmann beginnt sich schon Monate – bevor überhaupt das erste Mal von der „Wiener Gruppe" gesprochen wird – innerlich von der Vereinigung zu lösen. Er meint später auch immer wieder, wie in „Nachrichten aus Nord und Süd", dass es eigentlich gar keine „Wiener Gruppe" gegeben hat und alles nur zu einer literarischen Legende hochstilisiert wurde: „so ein schmarrn sage ich mir der ich nicht einmal an die sogenannte wiener gruppe glaube und gerhard sitzt in köln am rhein und der ossi in berlin an der spree und der fritzl achleitner zu wien an der wien und der konrad beherrscht wie ein dunkler könig die blühende region seines grabes in hernals draußen was aber beherrsche ich ..."

Für Artmann hat es die „Wiener Gruppe" immer nur in den Köpfen der Journalisten und Germanisten gegeben, denn die brauchen „Gruppen", damit sich deren Bedeutung manifestiert. Im Buch „Strohkoffergespräche" von Maria Fialik stellt Artmann fest, wie er generell zu Germanisten steht: „Es gibt viele bei denen ich sagen muß, ja sie haben recht. Aber manche schreiben über mich, obwohl sie mich nie gesehen haben …"

In der Literaturzeitschrift „Die Pestsäule" stellt Artmann 1972 fest: „Es hat nie eine Wiener Gruppe gegeben. Das ist eine journalistische Erfindung. Wir haben uns nie als Gruppe gefühlt. Ich glaube ja, daß die Gruppe um die ‚neuen wege' für die österreichische Nachkriegsliteratur viel wichtiger gewesen ist."

In jenem Jahr 1972 – auf den Buch-Bestsellerlisten findet man Erich Segals „Love Story", Hildegard Knefs „Der geschenkte Gaul" und Johannes Mario Simmels „Der Stoff aus dem die Träume sind" – schreibt der unermüdliche Animator der österreichischen Kulturszene Otto Mauer in einem Aufsatz „Ist die Kunst am Ende?" über mögliche Auswirkungen: „Es würde die Zukunftsmächtigkeit allein den Technikern und Technokraten überlassen, das Prophetische, das Visionäre der Kunst, die Neuheiten schafft, würde ausfallen. Die Körperlichkeit und Psyche des Menschen würden wesentlich schrumpfen, es würde eine innere Verschiebung humaner Kräfte eintreten."

Für Gerhard Rühm hat es jedenfalls die „Wiener Gruppe" gegeben. Mit seiner Anthologie darüber hat er ihr einen fixen Platz in der Literaturgeschichte Österreichs zugewiesen. Innerhalb der Gruppe werden von Harald Hartung drei Flügel geortet: der „experimentell-konstruktive" von Achleitner, Bayer und Rühm, der „monomanische Rigorismus" Wieners. Und der „surreal-phantastische" des Einzelgängers Artmann.

Gemeinsam bilden die fünf ziemlich verschiedenen Künstler eine Gruppe, bei der es nie ein bestimmtes Programm gibt. Sinn ergibt oft Unsinn, Unsinn ergibt Sinn. Gemeinsame Interessen und persönliche Freundschaften sind entscheidend. Obwohl es zeitweise massive Auffassungsunterschiede, immer wieder Konflikte und Missverständnisse gibt, bleibt man zusammen. Im Kampf gegen das Dumpfe und die Dummheit, gegen Ignoranz und Intoleranz.

Jeder benennt die Dichtergruppe um Hans Carl Artmann seit damals anders: In der politisch progressiven Sozialgeschichte spricht man – als wäre sie eine DDR-Schöpfung – von einer „literarischen Kooperative", Hilde Spiel nennt sie ein „Schriftsteller-Kollektiv". Ob „Kooperative, ob Kollektiv", man versucht nicht nur das „Territorium der Sprache“ abzustecken, sondern schockiert die Öffentlichkeit Ende der 1950er-Jahre auch wieder mit handfesten Auftritten, die „literarischen cabarets“ feiern Wiederauferstehung.

Als Vorstufe zum späteren Aktionismus wird versucht zu erforschen, wie „die Sprache die Wirklichkeit abbilden kann und umgekehrt, was die Sprache bewirken kann“. Diese Untersuchung wird untermauert, indem „zwei Welten“ gezeigt werden.

Die eine ist zum Beispiel die Bühne des Wiener Porrhauses, auf der Konrad Bayer und Oswald Wiener 1959 beim „2. literarischen cabaret“ Heidegger und Texte anderer Philosophen rezitieren. Es ist die Welt der Wörter und des Denkens; die andere Welt ist die brachiale Wirklichkeit: Friedrich Achleitner und Gerhard Rühm fahren auf dem Roller durch das Publikum im Mittelgang zur Bühne vor, packen zwei Beile aus und zerhacken das Klavier, auf dem Bayer und Wiener zuvor gespielt haben. Eine Dame im Publikum reagiert überemotionell und steigert sich in einen Weinkrampf, weil sie sich „bisher noch keinen Flügel hatte leisten können“. Oswald Wiener antwortet lapidar: „Das freut uns.“

Friedrich Achleitner erinnert sich: „Das war ein dialektisch aufeinander bezogener Prozess, der eben nur in diesem Kontext verständlich war. Übriggeblieben ist, die haben das Klavier zusammengehauen. Ein Mythos aus Halbwahrheiten. Natürlich hatten wir zu wenig bedacht, dass es offenbar etwas bedeutet, wenn man in Wien ein Klavier zusammenschlägt. Noch dazu in den 1950er-Jahren, wo die Musik ja ein Hauptelement der kulturellen Restauration war … Wenn Rühm als Sohn eines Philharmonikers ein Klavier zertrümmert, ist das natürlich schon etwas. Der Verkäufer der Firma Stelzhammer, wo wir das Klavier um 400 Schilling gekauft haben, sagte, wir müssen sehr aufpassen. Auf den Saiten lasten Tonnen von Spannungen, und wenn so eine Saite reißt, kann die wie ein Geschoss jemandem ins Auge gehen. Deshalb haben wir Fechtmasken getragen …“

Das Publikum muss bei diesem Aktionismus immer mit allem rechnen. Die Menschen kommen auch, um schockiert zu werden. Provokation ist vorprogrammiert. Doch manchmal wussten die Künstler nicht, wie weit sie ihre Darbietungen treiben können, Friedrich Achleitner hatte manchmal das Gefühl, „wenn man jetzt Wasser in den Saal einlassen würde, dann hätten die Zuseher das bereits als ganz normal empfunden. Das Publikum war schon so präpariert, dass es eigentlich alles erwartet hat … nicht zu vergessen die Kriminalpolizei im Hintergrund der Bühne, die schon fast jede Nummer kontrollierte und einige Auftritte verbot ..." Wie den *Auftritt* eines sechs Monate alten Mädchens, das nackt auf einem Lammfell posieren sollte.

Die letzte gemeinsame Aktion der „Wiener Gruppe" sollte die Aufführung der „kinderoper" sein – die von Achleitner, Bayer, Rühm und Wiener 1958 *in zwei Nächten hingekotzt* wurde. „Noch Tage danach wirkten sich diese beiden Nächte – wir waren dabei fast in eine Art Trance verfallen – zum Befremden anderer Partner auf unsere Gespräche aus", erinnert sich Gerhard Rühm.

Jedenfalls hatte es Konrad Bayer geschafft, alle – außer Artmann – noch einmal für eine gemeinsame Aktion zusammenzubringen. H. C. Artmann hatte sich schon Jahre zuvor, 1958, nach dem „überraschenden Erfolg der ‚schwoazzn dintn' unauffällig von uns gelöst" (Gerhard Rühm).

Uzzi Förster, der wilde Jazzer aus dem „Strohkoffer", will mit spektakulären Happenings und „Materialaktionen" auf sein Nachtlokal, den „Chattanooga Club", aufmerksam machen. So veranstaltet die Gruppe um Hermann Nitsch, Günter Brus – und den ehemaligen Gymnasialprofessor Otto Muehl – im neu eröffneten Club am Graben 29 die „Destruktion eines weiblichen Körpers mit Lebensmitteln". Für die Kunstaktion wird ein „weiblicher Körper mit zehn Litern saurer Milch übergossen, fünfzig Hühnereier auf ihm aufgeschlagen, das Ganze in Plastik verpackt, mit Gartenschläuchen umschnürt, mit Brettern verschalt."

Und im April 1964 fragt Uzzi Förster seinen Freund Konrad Bayer, ob sich auch die „Wiener Gruppe“ eine künstlerische Aktion in seinem „Chattanooga Club“, von Insidern auch „Nugerl“ genannt, vorstellen könnte. Die Herren nehmen die Einladung an, denn die Premiere der „kinderoper“ war von Bayer schon längst geplant. Am 10. April 1964 um 23 Uhr findet mit dieser Aufführung das Finale der „Wiener Gruppe“ statt.

Die Mitwirkenden haben sich selbst zu spielen. Als Erwachsene, die „auf dem Niveau von Kleinkindern, aber aus dem Reservoir ihres Unterbewusstseins, nahezu automatisch Sätze produzieren“. Und die Künstler müssen – laut Regieanweisung – auf der Bühne essen und trinken. Sie tun es reichlich, auch das Publikum im total überfüllten „Chattanooga-Club“ lässt bald alle Hemmungen fallen. Da während der gesamten Aufführung serviert wird, „löste sich schließlich alles in Trubel und Johlen auf, spendierter Champagner knallte, übersprudelte gleich aus der Flasche in den zu kleinen Mund, Gläser flogen durch den Saal, ich sah's über mir flitzen, ich lag besoffen am Boden“ (Gerhard Rühm).

Mit dieser Abschiedsvorstellung zerfällt die „Wiener Gruppe“ endgültig. Konrad Bayer meint knapp nach der Aufführung der „kinderoper“ – ohne H. C. Artmann: „wir, rühm und ich, zeigen dem meister heimlich, unauffällig und getrennt mäßige gedichte, werden gelobt, maßvoll kritisiert und geben nicht auf. artmann hat die fähigkeit, andere nicht merken zu lassen wieviel besser er ist.“

Gerhard Rühm nimmt eine Lehrtätigkeit in Hamburg an, Friedrich Achleitner beschäftigt sich wieder mit Architektur-Theorie, Oswald Wiener mit Kybernetik, arbeitet nebenbei beim Schreibmaschinenhersteller „Olivetti“ und übersiedelt fünf Jahre später nach Deutschland, um in Berlin das Kultlokal „Exil“ aufzumachen.

Konrad Bayer zieht sich auf das Wasserschloss Hagenberg im nördlichen Waldviertel, ein ehemaliges Lustschloss des Grafen

Theodor von Sinzendorf, zurück. Hier experimentiert er weiter mit Lyrik und arbeitet an seinem Roman „der kopf des vitus bering", in dem er das Sterben des dänischen Marineoffiziers in russischen Diensten Vitus Jonassen Bering, schildert: Der Arktisforscher beweist unter anderem, dass Asien und Nordamerika nicht miteinander verbunden sind. Auf seiner zweiten „Kamtschatka-Expedition" ab 1733 steckt Bering von Skorbut gezeichnet im Eis fest und durchlebt Wahnvorstellungen. Bayer empfindet diese Situation dem Erstarren gesellschaftlicher Konventionen ähnlich. Sein autobiografischer Roman „der sechste sinn", der teilweise auf den Tagebucheintragungen des provozierenden Dandys und rätselhaften Avantgardisten Bayer basiert, bleibt unvollendet.

Die Disharmonien innerhalb der „Wiener Gruppe" und der Ausschluss Bayers aus dieser ergibt sich aufgrund „meines unsittlichen lebenswandels (unter anderem habe ich mich von kurt regschek porträtieren lassen!) als nach einem Jahr oswald wiener den teil seiner werke, der ihm zugänglich war, vernichtete und er das schreiben für lange zeit aufgibt, löst sich die ‚wiener dichtergruppe' auf. artmanns lokale berühmtheit zerfällt in delogierung und steuerformulare. wieder macht er sich auf den weg. poesie als weltanschauung."

An einem lauen Herbstabend des Jahrs 1964, am 9. Oktober, empfängt Konrad Bayer auf Schloss Hagenberg Freunde: Ida Szigethy, die Frau des Cineasten Ferry Radax, die sich nach ihrer Scheidung entschließt, Malerin zu werden, Friedensreich Hundertwasser und seine japanische Frau Yuko. Man lässt Drachen steigen, genießt das Abendessen auf der Schlosswiese unter den Sternen. „Bayer ist fröhlich und ausgelassen, zündet Raketen in die schon dunkle Nacht", erinnert sich Szigethy, „es war eine eigenartige Stimmung."

Einen Tag später der Freitod des noch keine 32 Jahre alten Konrad Bayer auf jenem Schloss Hagenberg. Zuvor hatte er schon mehrere Selbstmordversuche unternommen. Vertraute wie Ida

Szigethy sind erschüttert. „chère ida" ist der Titel des Buches mit Briefen Bayers an die Freundin Ida, in dem er schreibt *„ICH BIN NICHT VERRÜCKT WIE DU VIELLEICHT GLAUBST …"* oder am 29. Oktober 1957: „die finanzielle seite dieses herbstes wird immer trister". Schon einen Tag später folgt der nächste Brief: „cherie baronessa meine liebe ida … es ist mir leider unmöglich dir einen dir verständlichen es ist leider unmöglich dir einen dir unverständlichen es ist mir leider möglich dir einen briefschreibenzu zuzu zizi mitzi meine ich meine du ichmeindu dumeinich cherie cherry … zizi aber jetzt: ‚wie geht's'?" Einige Wochen später schreibt Bayer an Szigethy: „allergeliebteste freundin! die sehnsucht zerfrisst mir das herze …dein allerliebster leberesser milchtrinker und apfelsinenzüchter viele millionen grüsse und küsse conrad."

Auf den Kulturseiten der österreichischen Tageszeitungen gibt man nach dem Selbstmord Bayers nur die knappe Agenturmeldung wieder: „Der Autor Konrad Bayer ist am Wochenende einem Leuchtgasunfall erlegen. Er war Mitarbeiter an den literarischen Kabaretts von Rühm und Achleitner und wurde mit seiner Erzählung ‚Der Stein der Weisen' bekannt."

Auf der Frankfurter Buchmesse drei Wochen vor seinem Freitod verkündete Konrad Bayer noch neue Pläne für eine Zusammenarbeit mit Gerhard Rühm. Die Romane „der kopf des vitus bering" und „der sechste sinn" erscheinen erst nach Bayers Tod.

H. C. Artmann erinnert sich, den Geldpreis seiner ersten großen öffentlichen Ehrung, des Österreichischen Staatspreises, für das Begräbnis Bayers verwendet zu haben. Mit fünf Fiakern fährt eine Schar von Freunden hinaus zum Zentralfriedhof, bei jedem Wirtshaus bis zum Friedhof wird angehalten: „Überall gab es ein Gulasch und ein Vierterl. Dann haben wir tausende Blumen aufgekauft. ‚Wieso braucht's ihr denn so viele Blumen?', fragte die Bumenfrau. ‚Für das Grab eines Trottels, der sich umgebracht hat.' Wir waren alle fesch, mit Melone wie Jack the Ripper. Total betrunken haben wir dann ungeheure Reden gehalten."

Der Freitod Bayers fällt genau in die Zeit zwischen der Juli-/ August- und der November-Ausgabe der Literaturzeitschrift „wort in der zeit". Auf dem Titelbild des Heftes 2/1964 ist ein Foto von Gerhard Rühm und Konrad Bayer im Café Hawelka. Beide mit nachdenklichem Gesichtsausdruck. Als Anreiz für 18 Seiten „ästhetisch rebellierende Texte" von Bayer und Rühm. Kaum ist das Literaturmagazin am Markt, gibt es massive Proteste und Polemiken gegen den „freizügigen, modernistischen Schwachsinn". Konservative Leser und Schriftsteller-Kollegen sind erzürnt und formulieren bitterböse Leserbriefe. Aus der einzigen ernsthaften österreichischen Literaturzeitschrift sei eine „Literatur-Boutique" geworden, die „pseudo-avantgardistischen Schund, Kitsch, Gschnas und Talmi unter kräftigster und gänzlich unbekümmerter Eigen- oder Freunderl-Reklame" veröffentlicht.

Und ein aufgebrachter Franz Taucher, ein ewiger Leserbriefschreiber, meint: „Die Art oder Unart, in der diese jungen Herren Rühm und Bayer sich die Welt und die Menschen vorstellen, dieses Kokettieren mit dem Makabren – das kann meinetwegen ihr privates Vergnügen sein, solange es eben im Privaten bleibt ..."

Gerhard Rühm ortet „tragikomisch die giftige hilflosigkeit dieser prämiierten datteriche verschiedener altersstufen, akut wohl dadurch, dass sie trotz jausensackerl und schlafwagenbillett vom minoritenplatz über passau nicht hinauskommen."

Ein erschütterter Erich Fried nimmt nach der Nachricht vom Selbstmord Konrad Bayers Stellung: „Ob die Angriffe der Antimodernisten Ursache oder nur ein Teil der Veranlassung dieser Katastrophe waren, wird sich kaum feststellen lassen. Aber schlimm genug, wenn die durch ihre Angriffe entstandene ungute Atmosphäre den Lebenswillen Konrad Bayers in einem kritischen Augenblick verringert hat."

„glaubst i bin bleed“ ist vielleicht einer der wichtigsten und auch wienerischsten Texte Bayers:

glaubst i bin bleed, das i waas, wi schbeeds is?
glaubst i bin bleed, das i hea, wos du sogsd?
glaubst i bin bleed, das i siich, wi du ausschaust?
glaubst i bin bleed, das i waas, wiri haas?
glaubst i bin bleed, das i gschbia wos i augreif?
glaubst i bin bleed, das i schneck, wos i friis?
glaubst i bin bleed, das i riach, wias do schdingt?
glaubst i bin bleed, das i waas, was i wüü?

Die „Wiener Gruppe“ um Friedrich Achleitner, H. C. Artmann, Konrad Bayer, Gerhard Rühm und Oswald Wiener hat jedenfalls Konfrontationen gesucht und Konventionen gebrochen. Mit konkreter Poesie, Dialektdichtung, Montagen und Theaterstücken, der Umsetzung von visuellen Texten und unorthodoxen Aktivitäten jenseits der Tradition. Man setzt Schock als legitimes Mittel der Kunst ein. Und ist dadurch zu einem Vorläufer so manch späterer Happenings internationaler Künstler geworden.

Die „Wiener Gruppe“ ist Prototyp einer Literaturbewegung, einer kulturpolitischen Bewegung, die in keine Schablone passt: „lineal ist unter allen Wörtern das Geradeste ...“, heißt es bei Artmann, „... aber was gibt es dem, der ohne einteilung krumme touren dreht?“ Die Avantgarde gibt die Antwort. Im ständigen Überschreiten von Grenzen. Im ständigen Suchen nach neuen Ideen.

Auch wenn man mit provozierenden Aktionen Aufregung hervorruft und so mancher nicht begreifen will, welche Bedeutung dahintersteht: Warum ein Klavier mit einer Axt zertrümmern? Wieso auf der Bühne essen, trinken, schlafen, sich die Haare schneiden? Warum wirft Achleitner stinkenden „Achleitner“-Käse ins Publikum, warum singt Konrad Bayer „I never knew what to do with a female Kangaroo“?

GEFÄHRDUNG DURCH HIASLN UND NEBOCHANTEN

Der Dialektdichter, die Muse Moni und Maggiwürfel

Der Beginn des Jahres 1957. Ab 20.00 Uhr werden bereits regelmäßig Fernsehsendungen ausgestrahlt, Franziska Kalmar, die Ansagerin der ersten Stunde, geleitet launig durch das Programm. Beim Hahnenkammrennen in Kitzbühel gibt es mit Toni Sailer, Anderl Molterer, Josl Rieder und Hias Leitner nur österreichische Sieger, dem Bundesheer werden die ersten Düsenjäger übergeben. Und ein Schulmädchen aus der Wiener Privatschule „Lycée français" am Alsergrund verliebt sich.

Die 17-jährige Monika Platzer lernt bei einer *Künstler-Party* einen eleganten, attraktiven Herrn Mitte dreißig kennen. Er wirkt scheu und etwas unnahbar – als ob er in einer anderen Welt lebte. Irgendwann aber spricht er das Mädchen an: „Ich habe mich vor allem geschmeichelt gefühlt. Er hat wirklich gut ausgesehen und hat eine ganz besondere Ausstrahlung gehabt. Es hat von Anfang an irgendwie mit uns funktioniert. Ich hab' zu ihm aufgeschaut, er wusste so viel, erzählte so viel Interessantes. Er war immer sehr lieb, sehr aufmerksam. Ich hab' mich aber auch vor zu viel Nähe gefürchtet. Er hat mich bald überall – mit so einem verlegenen Blick – als seine Frau vorgestellt.

Ich war wohl behütet und ziemlich streng erzogen. Mein Vater war Ministerialrat im Landwirtschaftsministerium, der Stiefvater Offizier. So hatte sich das meine Familie nicht vorgestellt, dass ich mit einem fast 20 Jahre Älteren zusammen bin. Noch dazu mit einem *Dichter*. Meine Mutter wollte das mit allen Mitteln sabotieren und hat immer meinen Bruder ins Hawelka geschickt, er sollte mich beobachten, auf mich aufpassen.

Trotzdem hatten wir ein halbes Jahr lang eine sehr schöne,

gemeinsame Zeit. In einem Kaffeehaus bei der Universität, ich glaub es hat ‚Glory' geheißen, hab' ich meinen Freund immer getroffen. Er ist oft mit viel Jüngeren zusammen gewesen, die anderen sind mir wie seine Jünger vorgekommen. Er war sehr stolz, wenn ich ihn dort in seiner Freundesrunde besucht habe. Ich kann mich auch noch an eine Kellerparty erinnern. In Hütteldorf. Wir sind zu Fuß hinausmarschiert, weil wir kein Geld hatten. Aus abgerauchten Tschicks haben wir Zigaretten gebastelt. Als mich einmal ein anderer nur kurz angeschaut hat, hat ihm mein Freund sofort mit ein paar Watschn gedroht.

Während langer Spaziergänge im Wienerwald und an der Donau beim Winterhafen haben wir schon unsere Zukunft geplant. Er wollte ein halbes Jahr lang mit mir quer durch Spanien reiten. Die Realität war anders. Ich habe die Matura nicht bestanden, meine Familie tobte – schuld sei dieser ‚Dichter'. Er tröstete mich. An der Ecke Fasangasse-Rennweg haben wir uns dann gemeinsam eine Burenwurst geleistet. Mit Pfefferoni. Es war herrlich.

Wenige Tage später haben wir uns in einem kleinen Café bei der Bellaria getroffen. Plötzlich hat er verschämt einen zerknitterten Zettel aus der Hosentasche gezogen – ‚Für dich …', hat er leise gesagt."

Es waren drei Gedichte:

drei gedichta fia d moni

1

gima dei haund
das e glaub i hoed
a glans woedfogal
en da mein -
a nochtegoe.

gima dein odn
das e s ned fagis
jetzt en winta
wia de luft is
en schbedn abrü.

gima dein mund
das e s gschbia
wia s am is
waun am a rosn
unta d augn foed
oes s a blinda.

2

kum
moch ma d aung zua
das uns nimaund sicht.
faschdek ma se enanaund
wäu s jetzt ole rundumadum
iwazong haum
das unsa heazzschlog
met bloße finga
en d brenesln griffm hod.

hoed ma se medanaund
en mund med n mund zua
das uns des bumpan en bluad
ned wia r a rode aumschl
aus n hoes schbringd.

faschdek ma se gengseitech
en de eigana hoa
das unser heazzschlog
schee launxaum und launxaum
wida zoat wiad und ruich wiad
wia windliachta r en suma
waun wo gaunz en da weidn
d zigeina schbün.

kum
moch ma d aung zua.

3

hosd as ned kead
mei schdimm en da nocht
mei schdimm aus de bam
aus d ladean aus de blaln
aus de dred aus n gros?

hosd as *ned* kead
mei schdimm en da nocht
wie s wie r a schdandal
aun dei fenzta gitscht?
mei schdimm en da nocht
waun s d grod zua hosd?

hosd as *ned* kead
mei schdimm en da nocht
wie s wia r binan
iwa dein bet sumd?
mei schdimm en da nocht
waun s d grod offm hosd?

hosd no *nii* en da nocht
mei schdimm kead
wie s ima r und ima
one aufzhean
dein nauman sogt?

Die drei Gedichte erscheinen ein Jahr danach im Dialektband „med ana schwoazzn dintn – gedichta r aus bradnsee". Der verliebte Dichter war Hans Carl Artmann.

Das junge Mädchen, die Muse Moni, heiratet später einen jungen Reporter des „Aktuellen Dienstes", der Jahrzehnte danach auch Generalintendant des ORF werden sollte. Zu dieser Zeit ist Thaddäus „Teddy" Podgorski allerdings kurzfristig vom Fernsehdirektor entlassen worden, weil er einen zu kritischen Bericht über den Schah von Persien abgeliefert hat.

H. C. Artmann erinnert sich im Herbst 2000, mehr als 40 Jahre nach Erscheinen des Dialektbandes, in dessen Gedichten sich „Poesie aus Breitensee mit dem Sprachbild des Surrealismus vereint", an den überraschenden Erfolg: „Im Dialekt zu schreiben war ja eigentlich nur eine Marotte von mir. Das hat halt zufällig funktioniert. Ich hab' damals schon fast 15 Jahre Gedichte geschrieben, ich wollte immer wie die Romantiker, so wie Uhland schreiben. Heinrich Heine, der war mein großes Vorbild. Romantik – leicht verfremdet, das hab' ich gern gehabt. Nicht Dialekt. Aber die ‚schwoazze dintn' war von Anfang an eine Sensation, wurde ein riesiger Erfolg. Ich wurde mit einem Schlag bekannt und populär, verdiente plötzlich Geld mit dem Schreiben – das hab' ich mir vorher nie vorstellen können. Kein Verlag hätte geglaubt, dass ein schmaler Band mit Gedichten – mit Gedichten, die im Dialekt geschrieben sind – auf Anhieb ein Bestseller werden könne. Manche Buchhändler tapezierten die ganze Auslage mit dem Band. Und es musste sofort eine neue Auflage gemacht werden, die Druckerei kam mit der Produktion gar nicht nach.

Trotzdem, durch den Erfolg der ‚schwoazzn dintn' bin ich bis heute als Dialektdichter abgestempelt geblieben."

Die Schlagersängerin Maria von Schmedes („Wenn in Tirol ein Dirndl küßt", „Unter einem Regenschirm am Abend" oder „Laternchen, Laternchen, Laternchen") hört Monate davor zufällig in einem Nebenstudio im Wiener Funkhaus die Radio-Aufnahme der „gedichta r aus bradnsee". Und ist begeistert. Sie erzählt sofort ihrem Mann Hans Sedlmayr davon. Und dieser initiiert das Erscheinen des Dialektbandes: Der den Freunden um H. C. Artmann suspekte Kunsthistoriker Sedlmayr („Verlust der Mitte") stellt den Kontakt zum konservativen Otto-Müller-Verlag in Salzburg her.

Doch bevor das Buch erscheinen kann, muss an der Auswahl, die der Autor getroffen hat, noch einiges korrigiert werden. Zu derbe, zu deutliche Gedichte müssen auf Wunsch der Gattin des Salzburger Verlegers durch harmlosere ersetzt werden. 1990 erinnert sich H. C. Artmann: „Na ja, ich habe zwei leicht laszive Gedichte eingetauscht gegen fünf Mördergedichte. Die hat sie dann gedruckt, die Frau Ehrentraud Müller ..." Die beiden zensurierten Gedichte erscheinen ein Jahr später in „hosn rosn baa", einem Gemeinschafts-Dialekt-Band von Achleitner, Artmann und Rühm.

Im Frühjahr 1958, als die erste Auflage der Gedichtsammlung aus den „entern Grind" erscheint, wird das Buch zum Stadtgespräch, zur literarischen Sensation. Und ausnahmsweise sind sowohl die *kleinen Leute* als auch Intellektuelle und die meisten Kritiker begeistert. Der schmale Band mit den Vorstadt-Balladen ist über Nacht zum Wiener Klassiker geworden.

Mehrere Auflagen erscheinen, Artmann ist stolz, die Menschen über den Dialekt zur Poesie gebracht zu haben. Und er freut sich, dass sein Buch „ohne Unterschied von allen sozialen Schichten gelesen wird. Die Kinder und die alten Leut', die wenig gelesen haben, die verstehen diese Sprache am besten."

Und der Dichter, der so lange so wenig verdient hat, der viele Jahre lang mit ein paar Hundert Schilling im Monat, die er unregelmäßig für Übersetzungen bekommt, auskommen musste, erhält „plötzlich von seinem Verleger am Ersten 4000 Schilling überwiesen – am 10. hatte ich nur mehr 400, mit denen ich mich bis zum Monatsende durchg'fretten musste ..." Früher trug er schwarze Pullover und änderte ständig den Bart, um zumindest dadurch modisch zu wirken. Jetzt kauft er sich Anzüge und Krawatten und elegante Schuhe und bunte Socken: „Denn wenn ich kein Dichter wär'", plaudert er in der Boulevardzeitung „Express", „... wär' ich ein Modeschöpfer." Und er träumt von Reisen, er möchte „nach New York und Tokio, um nach 14 Tagen wieder nach Breitensee zurückzukehren. Ich will nur einmal dort gewesen sein ..." Und er würde gerne die Wiener Mundartgedichte in einen New Yorker Dialekt, „Ich denke an einen Brooklyn-Slang", übersetzen.

Der plötzlich erfolgreiche Dialektdichter muss lernen, mit dem Ruhm zu leben. Überall spricht man ihn an, an der Kassa im „Konsum", in der Tramway und im Wirtshaus klopfen ihm alle jovial auf die Schulter. Bis dahin kamen nur vereinzelte Zuhörer in die Lesungen des surrealistischen Schriftstellers ...

Überall diskutiert man die seltsame Orthografie mit der verblüffend exotischen, phonetischen Schreibweise, diese völlig neue Kunstform der „gedichta r aus bradnsee". Sie entstanden draußen an der Peripherie, zwischen Breitensee und Ottakring, an der „Dreiländerecke mit Fünfhaus", wo Hans Carl Kindheit und Jugend verbrachte.

Die meisten Kritiker sind sich einig, dass auf Hochdeutsch selten Gefühle so dicht dargestellt wurden wie in diesem Lyrikband aus der Vorstadt. Die Gedichte stellen eine völlig neue dichterische Form dar, und seit die „gedichta r aus bradnsee" erschienen sind, kann sich niemand mehr Wien ohne sie vorstellen. Manche polemisieren gegen diese Form von „kunstgewerblicher" Literatur, sprechen von „Bezirkslyrik" oder „Breitenseer Spielereien" – aber niemanden lässt die populäre Dialekt-Dichtung kalt.

Damit diese auch überall verstanden wird, ist im Buch für die exotischsten Breitenseer Wortschöpfungen eine Übersetzung mitgeliefert. Das Wörterbuch ist „vornehmlich jenen Wienern gewidmet, die, durch ein widriges Geschick ihrer Muttersprache entfremdet, anders des nötigen Verständnisses entbehren müßten." Auch hier einige Worterklärungen:

Aungbram	*Augenbrauen*
Diadafalbeowochtn	*Türtaferl beobachten*
dooling	*daliegen*
fadistad	*verdüstert*
Kindafazara	*Kinderverzerrer*
Magewiaffön	*Maggiwürfel*
Raund	*Rendez-vous*
Saffaladeschmee	*Cervelatwurstlügen*
Windbocharei	*Windbäckerei*
Zenträu	*Zentral(friedhof)*

Im „med an schwoazzn dintn"-Vorwort heißt es: „Wenn man auch nur drei Zeilen eines einzigen dieser Gedichte liest, steigt in neuer Farbe eine neue Wiener Welt auf, die noch niemand besungen hat und die doch immer schon neben uns dagewesen ist: neue Häuser, Gassen, Bäume, Gegenden … das Eigentlichste der Breitenseer Gedichte kommt aus der unwahrscheinlich glücklichen Ehe der surrealistischen und der Wiener Sphäre. In ihr streift der Surrealismus das Kalte und Zerebrale ab, wird wirklich geheimnisvoll und sogar märchenhaft, und zwar in einer Umwelt, in der das Märchenhafte gar nicht vorkommen könnte. Das Wiener Leben und die Wiener Landschaft aber wird, ohne das Volksmäßige aufzugeben, eigentümlich schwebend und schwerelos ..."

Der Gymnasialprofessor Friedrich Polakovics, den Artmann aus der gemeinsamen Zeit bei der Zeitschrift „neue wege" kennt, meint hingegen, dass es, um Schwierigkeiten beim Lesen zu vermeiden, sinnvoll wäre, „jedem Band eine Langspielplatte beizulegen ...". Der skurrile Umschlag des Buches wird vom Mittelschullehrer gestaltet. Düster und wenig einladend, mit schwer lesbarer Kurrentschrift. Als Illustration verwendet Polakovics Bilder des „Ringelspiels Trapl" auf der Schanzstraße.

Eines Tages erfahren Gerhard Rühm und H. C. Artmann zufällig, dass dieser exotische Mini-Prater abgerissen wird. Und die beiden retten die Ringelspiel-Bilder. Ein vom Schicksal benachteiligter Freund muss helfen: Stephan Pral, ein arbeitsloser, kranker Künstler mit Holzbein. In den lebensnahen Miniaturen Wiener Typen aus Breitensee taucht er auch immer wieder auf: Als „Freund Schnepfhahn, der Bildhauer und Statuettenschnitzer", der sein Atelier in der Kienmayergasse vis-à-vis der Artmann-Wohnung hat. Er „pfeift zweistimmig durch die Zähne Bach und Vivaldi. Das macht ihm kein Zweiter nach."

Und auch in der „schwoazzn dintn" kommt „mein freind schdeffan bral" vor. Artmann beschreibt die traurige Existenz seines Freundes:

was nuzt da scho dei neicha boasalino
wea schdet dn scho auf dei intelegenz
wos fia r an rewach host den scho
fon deina freindlechkeit geng damen
oede leid und inwalidn ...?
s gibt ka gerechtechkeid
und undaunk is da wödlaun!

jo – so a gemeindewonung miassast haum
a schene brafe frau de was de gean hod
und jeden easchtn in da frua dei sichas
en de qoschne haund!
des waa r a mezzii –
göö liawa freind?

owa leida leida: schnekn!

Der Freund Stephan Pral löst die Bilder vorsichtig von den Wänden des Ringelspiels, wäscht sie dann in seiner Werkstatt in der Kienmayergasse brutal mit Petroleum ab und klebt die Porträts aus dem Ende des 19. Jahrhunderts auf Spanplatten. So kommt das Bildnis des Ringelspielbesitzers – mit Monokel und soigniertem Schnauzbart, einer Rose im Knopfloch und einer üppigen Masche unter dem steifen Kragen – auf das Cover der „gedichta r aus bradnsee".

Jener „blauboad", der „ringlgschbüübsizza", der schon „sim weiwa daschlong und eanare gebeina untan schlofzimabon fagrom" hat. Denn „so fafoa r e med ole maln wäu ma d easchte en gschdis hod gem – das s mii amoe darwischn wean doss wiad kar mendsch darlem!"

Die meisten Kritiker sind von den unverfälschten Dialektgedichten, in denen Abgründe der Wiener Seele offengelegt werden, begeistert. Die Schärfe, Brillanz und Gnadenlosigkeit in der Beobachtung und Beschreibung verlorener Menschen der Vorstadt erinnert manche an Ödön von Horváth. Der Kritiker Otto F. Beer schreibt im „Neuen Österreich" vom 27. April 1958: „Ja, es ist eine Sensation, wenn ein junger Wiener Dichter über Dinge aus Wien in der Wiener Mundart schreibt. Artmann singt vom *ringlschbüübsizza*, vom Mörder aus der Vorstadt und dem *kindafazara*, er singt von der Trostlosigkeit der Peripherie und ihrer verhaltenen Poesie, von den verlassenen Straßen, aus deren Fenstern das

Radio grölt, und von an *briafdroga sei gschbenzt.* Seine Worte sind genau, dass sie auch das ausdrücken, was zwischen den Worten steht. Habeamus poetam!“

Und der „Kurier“ lädt Artmann ein, unter dem Titel „med ana neichn schwoazzn dintn“ weitere Dialektgedichte zu schreiben. Da sich „der Individualist und sehr eigenwillige Dichter große Vorräte von schwarzer Tite (!) angelegt hat, will er uns regelmäßig zur Verfügung stehen.“ Das erste Gedicht unter dem Titel „fua lauta r aufregung“ erscheint am 2. August 1958:

… a jez moe waun a de en da frua
aus dein haus aussakuma sich
und du schausd ned uma zu mia
woxn ma fua lauta r aufregung
diaregt fagismeinicht aus de finga.

owa fua lauta r aufregung damoch es nii
das e amoe dazua kumad
dia des z song.

Hans Weigel ist kritisch-distanziert. In der Zeitschrift „Heute“ erscheint 1958 eine scharfe Abrechnung mit H. C. Artmanns Breitenseer Lyrik: „Jeder Autor hat seinen Hieb, das ist ein Bestandteil seines Berufs … Jeder Autor hat aber auch einen (mindestens einen) Vogel, welcher bei H. C. Artmann darin besteht, daß er die seinigen als ‚dauwal‘ und ‚schwäuwal‘ bezeichnet, und das sind keine Wal-Arten aus Brehms Tierleben, sondern wienerische Transkriptionen von Täubchen (Tauberl) und Schwälbchen (Schwalberl), besser gesagt: nicht wienerische, sondern breitenseerische Transkriptionen … Man weigert sich, in der Orthographie des Bandes mehr zu sehen als Spielerei oder Geblödel ...“ Am Ende seiner Ausführung resümiert Weigel: „... bloß angewandte Lyrik, rechtfertigt wohl kaum die preziöse Präsentation und scheint näher als mit dem naheliegenden wienerisch wörtlichen Weinheber mit der Familie der ‚g' schupften Ferdln' verwandt, in der sich gleichfalls ‚Master' auf *Gfraßter* reimt."

Einen Monat später muss Weigel zugeben, dass er nach dieser Kritik – heftig wie noch nie zuvor – beschimpft wurde. Aber es wär' nicht Wien, es wär' nicht Weigel, wenn er nicht noch ein Schäuferl nachgelegt hätte: „Man kann wahrscheinlich Artmanns Heraufkunft" (was immer auch dieses Wort bedeuten mag) „als Klassiker ebensowenig bremsen wie die Machtergreifung General de Gaulles … Wenn es in kurzen Wochen soweit gekommen ist, daß H. C. Artmann gleich nach dem Kaiser Franz Joseph und den Deutschmeistern kommt … spricht das nicht gegen ihn, denn er kann mit größerem Recht als ein Monarch sagen: ‚Ich habe es nicht gewollt' beziehungsweise ‚I hobs ned gwuid'. Verdächtiger als er sind die Anhänger, die Artmanniaken, und sie sind vor allem auch ihrem Idol gefährlich … Hut ab vor dem echten, naturgewachsenen Dialekt, wo er lebt und blüht und wächst, Hut ab aber ebenso vor unserer Schriftsprache und ihrer Orthographie, die ohnehin von Sumpern, Sandlern, Hiasln und Nebochanten gefährdet ist! Wenn sich zu denen nun noch die Snobs und Schmöcke gesellen, ist Gefahr in Verzug. Ich bitte daher Gleichgesinnte um Beitritt zu einem demnächst zu gründenden ‚Verein zur Verzögerung der Inthronisation Artmanns'. Sollte der Terror bereits so weit gediehen sein, daß die Zulassung durch die Vereinsbehörde verhindert wird, bin ich zur illegalen Tätigkeit (Bildung loser Widerstandsgruppen, Streuaktionen, Inschriften an Wänden usw.) entschlossen."

Auch in den Bundesländern fühlt man sich bemüßigt, eine eigene Meinung zur literarischen Sensation aus Wien abzugeben. So darf am 8. Juli 1958 ein Walter Pollak im „Literaturspiegel" der „Oberösterreichischen Nachrichten" die Dichtung Josef Weinhebers mit der „schwoazzn dintn" vergleichen: „Weil sich Artmann mit dem Programm ‚nua ka schmoez ned' panzert, klingt echtes, unsentimentales Gefühl auf, noch nicht verkitscht von jüdischem und ungarischem Operetteneinfluss … das Weinhebersche Wort, daß Sprache Blut, Schrift aber Papier sei, führt Artmann geradezu ad absurdum …"

Die „gedichta r aus bradnsee" sind jedenfalls zum größten Erfolg des Hans Carl Artmann geworden. Peter Rosei meint viele Jahre später: „Es ist so erbärmlich, Bücher zum Lesen empfehlen zu müssen, die eigentlich von hübschen Mädchen auf der Ringstraße verteilt werden müssten und von grüngestrichenen Zeppelinen aus über Stadt und Land verstreut gehörten."

Ermutigt durch den Durchbruch mit Mundart-Gedichten, einem Erfolg, der ihn sein Leben lang verfolgen und zum Dialektdichter abstempeln sollte, bietet Artmann dem Otto-Müller-Verlag weitere Arbeiten an. Doch in Salzburg lehnt man immer wieder ab. Höflich, aber bestimmt.

Jahre später hat Kritiker Hans Weigel radikal seine Meinung über Artmann geändert: „Kann man noch reimen? Nein, nicht noch – schon wieder! Hans Carl Artmann begibt sich nicht zum Gedicht alten Stils. Er holt es zu sich her. Mit Genuß legt er das Korsett der Formen an. Er hat an der Spitze der Avantgarde gefochten, und hat sich dabei so weit vorgearbeitet, daß er die Avantgarde hinter sich ließ und auf der nächsten Welle reitet. Wer hätte gedacht, daß Balladen wieder gelingen könnten?! Hier gelingen sie."

NUA KA SCHMOEZ NED

Das Donauweibchen, Woo-Doo-Zauber und bitterschwarze Gedanken

Bereits im Jahre 1953 zeigt H. C. Artmann seinem Kumpan Gerhard Rühm zum ersten Mal Gedichte, die er im Wiener Dialekt geschrieben hat. Rühm gefällt dieses Sprach-Experiment, die beiden beschließen, die sprachliche Vielfalt des wienerischen Dialekts auszureizen und gemeinsam Gedichte zu schreiben.

1956, schon zwei Jahre vor Erscheinen der „schwoazzn dintn", schreiben die beiden erste Gedichte in Wiener Mundart. Sie erscheinen in einer der Dialektdichtung gewidmeten Ausgabe der Literaturzeitschrift „alpha". Die neue dichterische Ausdrucksform wird sofort begeistert aufgenommen. Der Kritiker Alfred Schmeller schreibt: „Wann i, verstehst, was z' redn hätt', dann würde ich sagen, daß mir jetzt gerade ein paar Gedichte zugeflogen sind, die ich als einzigartig bezeichnen möchte (obses glaum oda ned)."

Die von Rühm und Artmann angewandte Sprachform unterscheidet sich von früheren Weinheber-Dialektgedichten: Die Sprache ist abgründiger, eindringlicher und schärfer. Die Beschaulichkeit und Gemütlichkeit Wiens, der Liebreiz der *guten alten Zeit* sind verschwunden. Das erkennt man, wenn man den Beginn eines Gedichtes von Josef Weinheber mit dem bösen schwarzen Dialekt der „schwoazzn dintn" vergleicht:

War net Wien wenn net durt wo kann Gfrett is, ans wurdt. Denn das Gfrett ohne Grund	nua ka schmoez how e xogt ! nua ka schmoez ned. reis s ausse dei heazz dei bluadex und hau s owe

gibt uns Kern, iwa r a
halt uns gsund. bruknglanda

Die Ausdruckskraft des Dialekts wird plötzlich für die moderne Dichtung entdeckt, das Wiener „Dialektidiom“ richtungweisend. Gerhard Rühm analysiert diese neue literarische Form: „was uns am dialekt interessiert, ist vor allem sein lautlicher reichtum (besonders im wienerischen), der für jede aussage die typischen nuancen findet. selbst ein einziges wort kann in verschiedenen tönungen auftreten, also individualisiert sein ..., während in der *schriftsprache* – der dialekt ist eine *gesprochene sprache* – jedes wort objektiviert und starr erscheint ...“

Ein Jahr nach dem Erscheinen der ersten Artmann-Rühm-Dialekt-Gedichte erhalten die beiden auch den Auftrag des österreichischen Fernsehens für ein Dialektstück, ein populärer Mythos soll behandelt werden, das „donauweibchen“ entsteht. Doch die beiden Autoren weigern sich, unzählige gewünschte Textkorrekturen vorzunehmen. Das Dialekt-Donauweibchen wird nicht produziert.

Erst Jahre später sendet man das Fernsehspiel in veränderter Form. Regie führt Wolfgang Glück, in der nur 43 Minuten dauernden *Neu-Wiener Zauberposse*, in der die Sage vom Donauweibchen als Rocker-Ballade erzählt wird, spielt Artmann selbst mit: Er liest seinem Briefträger Gedichte vor. Den Postboten spielt Otto Schenk.

1959 plant der Wiener Frick-Verlag, durch den großen Erfolg der „gedichta r aus bradnsee“ ermutigt, einen Gemeinschaftsdialektband der Freunde Achleitner, Artmann und Rühm. Die drei stimmen zu. Unter der Voraussetzung, dass sie völlige Freiheit bei der Auswahl der Texte und der Aufmachung hätten und sich der Verlag um ein *instruktives* Vorwort eines kompetenten Außenstehenden zu kümmern habe. Rasch wird der Titel „hosn rosn baa“ geboren. Friedrich Achleitner gestaltet den Buchumschlag, man sieht die drei Dichter – Scherenschnitten ähnlich – im Profil.

Er schneidet die Gesichter von Artmann und Rühm, sein eigenes im Spiegel.

Für den Prolog wird einer der bedeutendsten Romanciers Österreichs, der bereits mit „Die Strudlhofstiege" (1951) und „Die Dämonen" (1956) internationale Anerkennung gefunden hatte, gewonnen: Heimito von Doderer. Seit Jahren schätzt er H. C. Artmann und seine Gruppe und verteidigt sie – als selbst konservativer Autor – gegen reaktionäre Anwürfe.

Im Prolog zu „hosn rosn baa" schreibt Doderer: „Unsere drei jungen Autoren kommen nicht von der Mundart und ihrer Gesinnung her, sondern sie entdecken jene auf ihrem Wege und mit ihr eine Fülle klanglicher Valeurs, welche das Hochdeutsche gar nicht bietet; auch von der außerordentlichen Konkretheit der Mundart wurden sie bezaubert, und noch von anderen ihrer Qualitäten. Artmann, Rühm und Achleitner sind keine Dialektdichter. Wohl aber haben sie auch Dichtungen im Dialekt geschrieben. Vielen davon eignet ein parodistischer, ein den Dialekt selbst parodierender Charakter. Das läßt an Karl Kraus denken … Bei H. C. Artmann gehört schon das Inhaltliche, das Substrat, oder, sagen wir besser, der Vorwand zum Gedicht, dem Dialekthaften an, der großstädtischen Peripherie und ihrer ‚schönen Melancoley', wie das späte Mittelalter den dichterischen Affekt benannte. Artmann ist der Sänger des Banlieue geworden, des Wiener Vorortes Breitensee im besonderen ..."

Sofort nach Erscheinen erregt der Dialektband „hosn rosn baa" Aufsehen. Im negativen Sinn. Gerhard Rühm formuliert es so: „der spiesser fühlte sich hier tatsächlich auf sein Wiener Schnitzel getreten und reagierte dementsprechend beleidigt." Immerhin sind in diesem Gemeinschafts-Dialektband jetzt die wegen ihrer Schärfe für die „schwoazze dintn" zensurierten Artmann-Gedichte erschienen.

Zu spröde, zu provozierend sind diese Texte, um zu einem Publikumserfolg zu werden. Mit der Wiener Gemütlichkeit ist's jetzt endgültig vorbei. Der Leser wird mit bitterschwarzen, gewagten Gedanken konfrontiert. Hatte man in den „gedichta r aus bradnsee“ für trostlose Existenzen wie den *blauboad* Verständnis, will man das *söbstmeadagraunz* nicht hinnehmen:

man soggt von mia
ich hät an schblin
weu ich mia meine dodesoat
genau scho ausgediftlt hob
i dra mi duach a fleischmaschin
direkt ins offane grob

Ausgerechnet in der besinnlichen Adventzeit des „hosn rosn baa“-Erscheinungsjahres, am 9. Dezember 1959, mieten die Autoren den Mozartsaal des Wiener Konzerthauses, um aus dem Dialektband zu lesen. Außerdem engagieren sie den allerorts beliebten Burgschauspieler Richard Eybner, der zuvor mit Weinheber-Lesungen reüssiert hat. Im Zyklus „Die berühmte Stimme“ soll Eybner – der mit seinem mächtigen, rot-violetten, großadrigen „Pfrnak“ wie der personifizierte „Phäake“ Josef Weinhebers aussieht – Werbung für das Buch der drei Literaten machen.

Die Lesung wird auch in den Wiener Tageszeitungen, meist allerdings nur im Anzeigenteil, angekündigt. Man liest neben den Nachtlokal-Tipps wie „Das Mädchen mit dem Seil wieder im ‚Maxim‘“, „Original Pariser Super-Sex-Revue im Moulin Rouge“, „Dorothy Neal: The Venus of Striptease im Casanova“, „Woo-Doo-Zauber in der Orchidee“ und „Wiener Bürgerabend in Heinz Conrad’s Parkkeller mit bekannten Wiener Künstlern“ auch den Veranstaltungshinweis „Konzerthaus, Mozartsaal, 19.30: Vortrag Richard Eybner“.

Solange der Burg-Mime näselnd die harmloseren, unverfänglichen „hosn rosn baa“-Gedichte vorträgt, gibt es höflich-verhaltenen Applaus. Gerhard Rühm erzählt im März 1990 in einem vom

Germanisten Wendelin Schmidt-Dengler moderierten Literatur-Gespräch, wie er Eybner neben sich auf der Bühne des Mozartsaals beobachtete: „Er hat zwischendurch das Buch durchgeblättert und da habe ich gesehen, wie er auf manchen Seiten mit dem Lineal einen Strich durchgezogen hat, das war sehr schön, denn das waren jene Gedichte, die er besonders abstoßend fand, zum Beispiel „bei dar heisldia/do hob ich ia den easchddn kuss gebm". Eybner hat sich dann aber natürlich die Gedichte ausgesucht, die, soweit man das sagen kann, am wenigsten anstößig sind, und dadurch sind für uns Autoren die härteren Gedichte übriggeblieben. Ich kann mich erinnern, ich bin zuerst gar nicht zum Lesen gekommen, weil so ein Krach war … man kann sich nicht vorstellen, was diese Sachen damals ausgelöst haben ..."

Im Publikum entsteht langsam Unruhe, einige Besucher stürzen empört aus dem *entheiligten* Mozartsaal, ein Pfeifkonzert vermischt sich mit lauten Rufen wie „Schluss mit der Kulturschande" und „In die Gaskammern mit ihnen". Noch vier Jahre nach Erscheinen des „Skandal-Buches", am 24. April 1963, wird Gerhard Rühm in der Schlagzeile des Boulevard-Blattes „Express" zitiert:

OPERNMORD:
DICHTER MUSS ALIBI ERBRINGEN!

Rühm wird vom Wiener Sicherheitsbüro als „Opernmörder" einer elfjährigen Ballettschülerin verdächtigt. Im Zuge der Ermittlungen über den Mörder, der sich als Arzt ausgab, das Mädchen in eine Dusche lockte und mit 34 Messerstichen ermordete, überprüfte man mehr als 14.000 Personen. Einer der Kriminalisten wurde anonym auf den Rühm-Text in „hosn rosn baa" aufmerksam gemacht:

„… und / di glanan / kindaln / wanan / weu / mei / doschnfeidl / duach / di ribhaln / schbaziad / und / in / di glanan / heazzaln / noch / bealn / stiad“

Es bleibt bei der routinemäßigen Untersuchung. Da beim Dichter keine Verdachtsmomente vorliegen und er ein stichhaltiges Alibi vorweisen kann, ist die Untersuchung Gerhard Rühms abgeschlossen.

UNTERWEGS AUF DEM RÜCKEN EINES WALFISCHES

Wanderjahre, Waldmeister-Bowle und der Verlag Artmann & Artmann

Etwas mehr als ein Jahr nach der Skandal-Lesung im Mozartsaal entschließt sich Hans Carl Artmann, Österreich zu verlassen. Er hat das Gefühl, „einfach abhauen zu müssen". Alles wird ihm zu fad, der „grauenhafte Wiener Kulturbetrieb" beklemmt ihn. Mit dem Experiment der Dialektgedichte plötzlich im Rampenlicht zu stehen, als einer, der vorher als Schriftsteller nur geschmäht wurde, ist für ihn kaum zu verkraften. Die ständige Fragerei „Sagen S', Herr Artmann, wann schreiben Sie denn wieder einmal so was Lustiges im Dialekt ..." nervt ihn.

Außerdem gibt es massive finanzielle Probleme wie die Delogierung aus der Gemeindewohnung wegen „permanentem Mietrückstand und immer wiederkehrender nächtlicher Ruhestörung". Und auch der ständige Konflikt mit der Steuerbehörde – die immer wieder frühmorgendliche Pfändungen bis auf das Existenzminimum nach sich ziehen – belasten ihn.

Auch mit den jovial-verlogenen Praktiken im Wiener Gefühlsdschungel kommt Artmann nicht mehr zurecht. Und der „arrogante Provinzialismus von Verlegern, die Künstler der Avantgarde zu Statisten des Kulturbetriebes abstempeln und finanziell aushungern", ist ein weiterer Grund, Österreich zu verlassen. Zurück lässt er die wenigen wirklichen Freunde, mit denen er weiterhin verbunden bleibt.

Wehmütig erinnert sich Gerhard Rühm an den Abschied: „eine gewisse unruhe machte sich bemerkbar. eine fast beklemmende unruhe darüber, noch in wien festzusitzen. wir fühlten uns hier abgeschnitten, auf verlorenem posten. von einigen wenigen abdrucken in zeitschriften und deutschen anthologien abgesehen, häufen sich unsere unpublizierten manuskripte in der schublade. wir haben hier keine chance ..."

Für H. C. Artmann beginnt die Zeit des rastlosen Reisens. Mehr als zehn Jahre lang, bis er sich schließlich zu Beginn der 1970er-Jahre in Salzburg niederlässt, führt er ein unstetes, aber literarisch fruchtbares Wanderleben. Er schreibt viele kleine Dinge. Oft lässt er – in Gedanken befindet er sich schon am nächsten Zufluchtsort – Manuskripte in einem Kabinett, auf einem Kinosessel oder einem Nachtcafé liegen. Kleine Literaturverlage gestalten dann, manchmal ohne sein Wissen, schmale Bände mit diesen „bislang unpublizierten, literarischen Entdeckungen".

Oder er vergisst Gedichte, Tagebucheintragungen und Prosaskizzen für Theaterstücke bei kurzfristigen Geliebten. Wie die Textsammlung „Eine Lektion in Poesie wird vorbereitet". Das 65-Seiten-Manuskript wird bei der Artmann-Gefährtin Barbara Wehr gefunden und erscheint mehr als 30 Jahre, nachdem er es in Schweden geschrieben und vergessen hat, im Grazer Verlag Droschl.

Artmann übersetzt Lyrik und Prosa aus dem Dänischen, Schwedischen, Englischen, Französischen, Gälischen, Jiddischen, Niederländischen und Spanischen. Und überträgt Theaterstücke von Labiche und Molière, Lope de Vega, Tirso de Molina und Alfred de Musset ins Deutsche.

In dieser Zeit der Wanderjahre entstehen auch viele bedeutende Texte: 1964 „das suchen nach dem gestrigen tag oder schnee auf einem heißen brotwecken". Mit einer Zusammenfassung des eigenen Lebens in „die eintragungen eines bizarren liebhabers": „freund der fröhlichkeit, im grunde traurig, den mädchen gewogen ..."

1966 erscheinen „Dracula, Dracula. Ein transsylvanisches Abenteuer" und die Gedichtsammlung „verbarium", ein Jahr später „tök ph'ron süleng", „allerleirausch. neue schöne kinderreime", „Fleiß und Industrie". 1968 „der handkolorierte menschenfresser", 1969 ein Buch voller gefährlicher Abenteuer und ungelöster Rätsel: „Die Anfangsbuchstaben der Flagge. Geschichten für Kajüten, Kamine und Kinositze". Es sind Geschichten von einem Helden, der stets in letzter Minute mit strahlendem Lächeln alles Böse beseitigt. In den Jahren 1868, 1899 und 1907, es gibt schon Zeppeline und Flugzeuge – dennoch lauern auch Ungeheuer und Grauen in dieser Welt. Ein Schiff kehrt ohne Mannschaft zum Hafen zurück, eine aufreizend blonde Schönheit wird von Steinzeitmenschen entführt und ein kanadischer Tourist begegnet in den Katakomben von Wien einer wolfsbäuchigen Nonne. Und man begegnet einem „ausgebrochenen sträfling auf der flucht vor seinen eiskalt berechnenden, gutausgerüsteten häschern, einem blinden trunkenbold auf dem wege durch die betäubende Ginflasche zu weib und kind und einem, der aus dem all zurückkehrt und sich nicht mehr zurechtfindet nach so vielen lichtjahren …"

Knapp nach diesen skurril-schauerlichen Geschichten erscheinen in einer produktiven Phase „Überall wo Hamlet hinkam", eine Gedichtsammlung aus 21 Jahren, „ein lilienweißer brief aus lincolnshire" und das Theaterstück „die fahrt zur Insel nantucket". 1971 erscheint „How much, schatzi?" voller sarkastischem Humor und grenzenloser Fabulierwut. Es sind bissige Geschichten, die die Realität Lügen strafen, um der Wahrheit näherzukommen.

In einer Sammlung von 90 Träumen mit dem Titel „Grünverschlossene Botschaft", die vier Jahre zuvor erscheint, fabuliert der oft von Schlaflosigkeit gepeinigte Artmann über Tiere und beginnt das Buch mit der Erkenntnis, „im herzen einer grille das cello zu streichen, ist ein häufiger traum und anlaß zur hoffnung, geld zu erwerben, er warnt davor, laß in deinen traum keine gans eindringen, dringt sie doch ein, serviere ihr sekt – um am Ende des Traumbuches zu resümieren, dass das reisen auf dem rücken eines walfisches besonders zum träumen anregt."

Dazwischen berichtet er von skurrilen nächtlichen Fantasievorstellungen wie in der Vision mit der Nummer 21: „Begegnete dir ein bärtiger chinese und bäte dich um messer und gabel, er hätte sein besteck zuhause in peking gelassen, und verwandelte sich dieser gelbe mann unmerklich in eine telefonwahlscheibe, dann säume nicht, sondern wähle die zahlen zwo und eins, die glückbringende ‚einundzwanzig'".

Auf seinen Reisen quer durch Europa verbringt Artmann längere Zeit in London. Hier lernt er Elias Canetti und Erich Fried kennen. Fried wohnt in einem eleganten Haus in der Fleet Road und schreibt – wie hinter einer Auslage – am Fenster seines Arbeitszimmers im Parterre, eines früheren Frisiersalons. 1975 erinnert sich Artmann: „Vis-à-vis ist eine Mauer und hinter dieser Mauer ein Krankenhaus. Fährt nun eine Ambulanz vor, so bimmelt eine schöne victorianische Glocke ganz elegisch in den blauen Herbst, aber daran gewöhnt man sich bald, außerdem gibt es in der Nähe die feinsten Pubs und Buchtrödler und ein griechisches Café und die Station Belsize Park, die Jules-Vernisch-tief in die Eingeweide der Erde dringt."

Es verschlägt Artmann kurzfristig auch in die Schweiz, nach Bern. Und nach Berlin, wo er von Freunden sofort herzlich aufgenommen wird. In Berlin sei das Leben sehr angenehm, weil es „klasse Weiber, g'sunde Luft und gutes, billiges Bier – ein großes um 35 Pfennig – gibt."

An einem schwülen Sommertag des Jahres 1966 findet in Berlin um Mitternacht die Präsentation seines Buches in 25 Kürzestkapiteln, auf großformatigen Büttenseiten gedruckt, statt: „Dracula, Dracula. Ein transsylvanisches Abenteuer". Der Poet aus Wien liegt düster grinsend in einem Sarg und spricht kein einziges Wort. Neben Musik von Franz Liszt, Werwolfs-Geheul und anderen Grusel-Effekten hört man Artmann (vom Tonband) über Fledermäuse und Vampir-Opfer skandieren. Danach wird das Werk mit einer limitierten Auflage von 55 Stück zum Preis von 300 Mark angeboten. Und vom Künstler, der sich inzwischen durstig und unternehmungslustig aus dem Sarg erhoben hat, signiert.

In der Berliner Kunstszene, in den Galerien und Nachtcafés, ist der Poet aus Wien mit ausschweifender Fantasie inzwischen als schillernde Figur anerkannt. Er kurvt in seinem Cabrio zwischen Friedrichshain, Kreuzberg und Schöneberg herum und schreibt Chansons für Hildegard Knef. Wenn Freunde aus Wien oder aufstrebende Literaten vom „Forum Stadtpark" aus Graz zum „Paten mit der großen Kreditkarte aus Sprachgewalt und Alterslosigkeit" (Wolfgang Bauer) auf Besuch kommen, wird selbst angesetzte Waldmeister-Bowle serviert und im Philips-Transistorradio die englische „Hitparade" angehört. Mit Hits der Beatles und Byrds, Doors und Rolling Stones.

Und hier in Berlin-Schöneberg plant Artmann 1965 gemeinsam mit seinem 17-jährigen Sohn Patrick, der zwischen der Großmutter in Wien und dem Vater in Berlin pendelt, einen Literaturverlag zu gründen. Der selbstbewusste Artmann jun. schreibt auch schon: „Ich bin der große Patrick Artmann/der Sohn des großen H. C. Artmann". Im dritten Stock des Hauses Kleiststraße 35, wo der Senior auch wohnt, soll die „Agentur Artmann & Artmann" entstehen. Die kleine Druckmaschine und ein Setzkasten sind jedenfalls schon angeschafft …

Artmann sen. will aus alten Büchern Texte auswählen. Sein Sohn soll sie dann mit alten, ausrangierten Lettern setzen und drucken. Von jeder dieser Sonderausgaben soll es höchstens 50 bis maximal 200 Exemplare geben. Diese Selbstbeschränkung ist eine wichtige Marketing-Strategie des Artmann & Artmann-Finanzplanes. Während der Frankfurter Buchmesse sollen dann diese wenigen Exemplare – vom Senior signiert – zu hohen Preisen verkauft werden. Als literarische Rarität. Allerdings erlebt der ambitionierte Verlag Artmann & Artmann nie mehr als die Planungsphase ...

Ein paar Jahre davor, 1961, zieht Artmann sen. mit der schwedischen Studentin Brigitta, die er knapp vor der Sperrstunde im Café Hawelka kennenlernt, aus Wien nach Stockholm. Danach folgen Aufenthalte in Lund und Malmö. Rund fünf Jahre verbringt Artmann in Schweden, heiratet zwischendurch und wird Vater eines Sohnes. Kurzfristig ist ein Bischof sein Schwiegervater. Doch als Schriftsteller gibt es hier für ihn keine Zukunftsperspektiven. Schweden sei landschaftlich sehr schön, ein Land mit einer wunderbaren Sprache – aber „dieser übertriebene puritanische Marxismus ist mir saumäßig fad ...".

Und Artmann lebt auch eine Zeit lang in Graz, in der Elisabethinergasse. Im Stadtteil Gries, zwischen Erotikclubs, der „Braun"-Bar, bröckelnden Fassaden und dem Büchsenmacher „Waffen Wanz". In seiner kleinen Wohnung kocht Artmann für Freunde Couscous oder das „einzig original spezial-erdäpfelgulasch der familie artmann" nach dem Rezept seiner Mutter Marie. „Garniert mit nackten Frauen", wie sich Wolfgang Bauer an die wilden Zeiten erinnert: An den „großen H. C., den die Meute schüchtern umkreiste, denn sein Werk lag stets, wie der Smaragd im tosenden Dschungelfluss, unter dem Schutzmantel seines bizarren, von dir selbst entworfenen Imagos, an dem heute noch so viele weiterimaginieren."

Der *haltlose Dichterlackl* aus Wien erlebt in Graz hemmungslose Jahre. Man trifft ihn im „Krebsenkeller", im „Theatercafé" zwischen all den steirischen Nihilisten, die als Bürgerschreck gelten, um dann später meist auch in der Tiefe der „Triumph-Bar"-Polstergarnitur zu versinken. Bis hinter dem Uhrturm die Sonne aufsteigt.

Am nächsten Abend kann es schon passieren, dass Artmann während einer Lesung von Alfred Kolleritsch oder Wolfgang Bauer, Barbara Frischmuth oder Gert Jonke im „Forum Stadtpark" als Graf Dracula verkleidet eine brennende Fackel ins Publikum wirft. Um das Abenteuer Leben zu zelebrieren. Voller Überraschungen. Voller absurder Situationen. Voller ungebremster Fantasie.

Kurze Zeit, nachdem sich H. C. Artmann, schon müde von den Abenteuern auf seinen Reisen durch Europa, die Stadt Salzburg ausgewählt hat, um sein Leben langsam in ruhigere Bahnen zu bringen, wird er nach Graz zurückgerufen. Es gilt, eine wichtige Aufgabe zu übernehmen. Die „Grazer Autorenversammlung", die in den folgenden Jahrzehnten zur richtungweisenden Schriftstellervereinigung Österreichs werden sollte, wählt den Poeten aus Breitensee zum Präsidenten. Ernst Jandl hatte ein Jahr zuvor im „Forum Stadtpark" die Idee ausgesprochen, eine Alternativgemeinschaft gegen die konservative Dichtervereinigung P.E.N.-Club mit ihrem Präsidenten Ernst Schönwiese zu gründen.

Die neue Autorengruppe tagt am 24. und 25. März 1973. Als Vizepräsidenten unterstützen Artmann Gerhard Rühm und Alfred Kolleritsch. Weiters gehören dem Vorstand an: Heimrad Bäcker, Gerald Bisinger, Otto Breicha, Ernst Jandl, G. F. Jonke, Hermann Nitsch, Heidi Pataki, Reinhard Prießnitz, Peter Weibel und Peter Weiermair. Und Otto Muehl – der aber bald wieder ausscheidet.

Man beschließt, im Herbst in Leibnitz eine Klausurtagung abzuhalten, bei der a) die Situation der österreichischen Schriftsteller und b) eine Analyse der Kulturpolitik mit Änderungsvorschlägen diskutiert werden soll. Außerdem will man die Berichterstattung in ausländischen Medien über die heimische Kultur und die Zusammensetzung österreichischer Jurys bei der Vergabe öffentlicher Gelder an Autoren untersuchen. Und schließlich will man kritische Studien über heimische Gegenwartsliteratur fördern.

Doch fünf Jahre später ist der anfängliche Schwung verzogen, Querelen überwiegen und Präsident Artmann hat das Interesse an der Grazer Künstlervereinigung verloren. Man entferne sich „zunehmend von den Gründungszielen und nimmt immer mehr fragwürdige Mitglieder auf, inzwischen bereits einen Maultrommler." Anonyme Anrufe, Beleidigungen und Unterstellungen veranlassen H. C. Artmann, gemeinsam mit seinen Freunden Helmut Eisendle und Peter Rosei die Literaturvereinigung zu verlassen.

Die unbequeme, „undemokratische Dreierbande" begründet ihren Rückzug aus der „Grazer Autorenversammlung": „Die Entwicklung der Vereinigung mißfällt uns seit längerer Zeit. Unter anderem die bizarre Methode der jeweiligen Neuaufnahmen, die in geradezu diametralem Gegensatz zu den ursprünglichen Zielen steht. Ein Qualitätsverlust sondergleichen war die traurige Konsequenz, die uns nach diesem Schritt nicht weiter beschämen soll. Die Vermutung liegt nahe, daß gerade von den Kreisen, die sich bislang in keiner Weise adäquat legitimieren konnten, jene Diffamierungen stammen, die uns nicht nur als Einzelpersonen, sondern auch als Freundeskreis betreffen. Da man sich nicht offen gegen uns zu stellen wagte, verlegte man sich auf die altbewährten Mittel des anonymen Briefes und stumpfer telephonischer Wespenstiche. Was soll's, uns als austrofaschistische Dreierbande zu benennen, uns egozentrische Eskapaden vorzuwerfen, uns demokratisches Desinteresse anzukreiden: Wir sind unbewaffnete Individualanarchisten austriazistischer Prägung, die es immer als ihr höchstes Ziel ansahen, Tradition und Zukunft in einer poetischen Gegenwart zu vereinen – das heißt, das Menschenrecht auf anarchistische Untätigkeit zu verteidigen."

ABENTEUER IM KOPF

Marlene Dietrich und die barocke Schwermut des Dr. H. C. H. C. Artmann

schön traurig ist das hinausgehen
aus den bahnhöfen des abschieds
und das nimmt uns
kein teufel und kein engel
und kein blumenverkäufer –
und unser gesicht bleibt
abgeschnitten für immer

Im Winter des Jahres 1971 hat das ständige Herumziehen, die Suche nach Ferne und Freiheit – manchmal auch das Reisen ohne Ziel, das Taumeln „von verwirrung zu verwirrung" – ein Ende. Der rast- und heimatlose Hans Carl Artmann findet langsam Ruhe. Die Abenteuer finden jetzt eher im Kopf statt.

Er habe „alle Bahnhof-Restaurants Europas kennen gelernt. Das *Stuyvesant-Gefühl*, die Sicherheit, immer weg zu können, auszubrechen, wegzufliegen, irgendwo draußen in der Welt zu landen", solle jedoch für den lebenslangen Kosmopoliten erhalten bleiben. Hans Carl Artmann wird nie aufhören wollen, „von horizont zu horizont zu fahren".

Er ist inzwischen älter als 50, hat ausgiebig, manchmal auch ausschweifend gelebt. Die letzte Konfrontation mit der Polizei liegt einige Monate zurück: Auf dem Gelände der Klagenfurter Eisschützen hat er sich mit rund zwanzig Kumpanen getroffen. Man trinkt, hat eine Riesenhetz und wird immer lauter. Die herangerufenen Exekutivbeamten empfängt Artmann mit dem Satz „Vorsicht, meine Herren! Ich bin ein Karate-Meister. Ihr werdet gleich in den Kanal fliegen …" Die Diskussionen enden in einer

Massenschlägerei. H. C. und seine Freunde werden verhaftet. Als sich auf der Polizei-Dienststelle herausstellt, dass sich unter den Arretierten mehrere bekannte Dichter befinden, werden sie freigelassen.

Er lebt voller Euphorie und verliert nur ab und zu die Contenance. Er ist ein Freund der Frauen. Ein geselliger Bonvivant, *Bravourtrinker* und Bürgerschreck. Ein Mensch, der sich aber auch oft in das „ruderleiberl des grüblers" wirft. Ein leidenschaftlicher Einzelgänger, der eigentlich ein Doppelleben geführt hat, weil er zumindest doppelt so intensiv gearbeitet und gelebt hat wie andere seines Alters. Als er 58 Jahre alt ist, erscheinen bereits seine *gesammelten Werke*. Auf 1538 Seiten. Im Salzburger Residenz-Verlag, auf drei Bände aufgeteilt.

Er spürt, es ist Zeit, sich langsam von den Verführungen des Lebens zurückzuziehen. H. C. Artmann lässt sich in Salzburg nieder. Einige Tage zuvor sitzt er noch mit dem Lyriker Gerald Bisinger im „Zwiebelfisch" am Savignyplatz, dem Treffpunkt der Berliner Boheme. Mit Bisinger verbindet ihn eine Freundschaft, die von *gegenseitiger Befruchtung* geprägt ist. Hier trifft Artmann auf Rosa Pock: „Ich erkenne Sie wieder. Sie waren im Gasthaus ‚Lückl'. In Graz. Vor vier Monaten."

Schon nach einer Woche zieht Rosa in Salzburg in sein Gartenhaus in der Augustinergasse 8 ein. Schnell entwickelt sich das Gefühl der Vertrautheit. Der Sicherheit, sich auf einen Menschen völlig verlassen zu können. Es ist Liebe.

Rosa studiert in Salzburg Philosophie, später beginnt sie auch zu schreiben. Ihre erste Veröffentlichung erscheint im Literaturverlag Droschl: „Monolog braucht Bühne". In 39 knappen Kapiteln – keines länger als eine Seite – beschreibt Rosa Pock unter anderem die Geschichte einer Trennung und den zögerlichen Versuch eines neuen Anfangs, der Neudefinition der eigenen Identität als einer selbstständigen Person und nicht mehr nur als Teil eines Paares.

1975 die Geburt des *schönsten Kindes der Welt* Emily Griseldis, die im Alter von zehn Monaten in der denkmalgeschützten Salzburger Pfarrkirche Mülln getauft wird. Mit Rosa und der gemeinsamen Tochter entwickelt sich für H. C. eine Art bürgerliches Leben – fast ein richtiges Familienleben: „bald wird meine schöne kleine tochter nach pommes frites mit ketchup verlangen und mir wird was im inneren zerbrechen irreparabel ..."

Ein Jahr nach Emilys Geburt zieht die Familie Artmann in ein kleines, von einem Bauern gemietetes Haus am südlichen Stadtrand Salzburgs. Am Schwarzgrabenweg 3. Das ambivalente Verhältnis zu der Stadt mit barocker Festspiel-Opulenz und Loden-Überfluss bleibt beim Wahl-Salzburger Artmann bestehen.

Immerhin kennt er die Stadt schon lange: Seine allererste Reise führte den 14-jährigen Hans Carl hierher. Er besuchte mit seinen Eltern den „Jedermann". Und sah Marlene Dietrich, die er bereits vier Jahre zuvor kennengelernt hat. Im „Blauen Engel". Auf der Leinwand im „Breitenseer Lichtspieltheater". Die Dietrich marschierte stolz über den Domplatz: „langbeinig, in kurzen Hosen, die Menschen sind stehengeblieben und fast erschrocken ..."

Karl Kraus gibt 1923 in einem Gedicht die „heilige Allianz" von Geschäft, Kirche und Literatur in einem Satz wieder: „Herr, gib uns unser täglich Barock!" H. C. Artmann stellt ein halbes Jahrhundert später in „Nachrichten aus Nord und Süd", einem mehr als 120 Seiten langen Monolog über Frauen, Freunde, Gott und die weite Welt – vor allem aber über sich selbst – fest: „nehmen sie das phänomen salzburg aus aller herren länder kommen zahlende gäste um an diesem zu musik gewordenen wunder teilzuhaben wolfgang amadäus mozart winkt mit seiner silbernen kugel über den ozean der indianer verläßt seinen wigwam der kaffer seinen kral ..."

Anlässlich des 70. Geburtstages fasst der philosophische Senat der Universität Salzburg 1991 den einstimmigen Beschluss, Hans Carl Artmann die Ehrendoktor-Würde zu verleihen. Er habe ein

„zu würdigendes schriftstellerisches Werk vorzuweisen und ist seit vielen Jahren begeisterter Salzburger." Der Philosoph und Rektor Theodor Wolfram Köhler meint, „Artmanns Vielsprachigkeit und Übersetzerkunst habe die ‚Internationalisierung' der österreichischen Literatur gefördert."

Wenige Tage später besuche ich Artmann wieder in Salzburg. Ob er den Ehrendoktor annehme? „Selbstverständlich, Dr. H. C. H. C. – das klingt so barock … eigentlich freu' ich mich eh darüber." Es ist Mai in Salzburg. Noch kann die Stadt bis zum Beginn der Festspiele durchatmen. Noch sind die Reichen und manchmal auch Schönen nicht eingetroffen.

Noch sind die anderen da: die Reisegruppen aus dem Sauerland, die amerikanischen und asiatischen Bustouristen, die sich mit der „Sound of Music-Tour" auf die Spuren des bewegten Lebens der Novizin Maria von Trapp und ihrer singenden Familie begeben. Zuerst geht's zur Pferdeschwemme, „where Lisl met the postman", um danach im Mirabellgarten gemeinsam mit der Führerin das „Do-Re-Mi-Lied" anzustimmen – „where Maria and all the children danced round the Pegasus fountain ..."

Nur wenige Kilometer von diesen touristischen Highlights lebt die Familie Artmann am Stadtrand von Salzburg. Das kleine weiße Haus am Schwarzgrabenweg im Stadtteil Moos ist umgeben vom feuchten, ischiasfördernden Leopoldskroner Moor und steht am Ende einer Birkenallee, die an ein Tschechow-Bühnenbild erinnert. Doch die Realität holt einen schnell ein, wenn der Himmel über Salzburg plötzlich zu dröhnen beginnt. Am nahen Flughafen herrscht Hochbetrieb.

Am Stadtrand von Salzburg führt Artmann ein unspektakuläres Leben. Er „gartelt" ein bisschen und ist selbst am meisten darüber erstaunt: „Man kommt direkt ins Schrebergarteln hinein …" Der Briefträger, der Greißler und die Trafikantin begreifen die Existenz des sonderbaren Dichters nicht ganz und begegnen ihm mitunter mit Misstrauen. Sein *compañero* Peter Rosei, die beiden sind 30 Jahre befreundet – es gab Zeiten, da hatten sie einander täglich gesehen –, besucht ihn immer wieder in dem kleinen Salzburger Haus an der Birkenallee. Rosei vergleicht seinen Freund Artmann einmal mit „einem Räuberhauptmann, der seinen Zuhörern und Lesern eine mit glänzenden Juwelen gefüllte Kiste öffnet."

Fünf Frauen haben H. C. fünf Kinder geboren, er glaubt zu wissen, „Mädchen machen gefährliche Dummheiten, wie Schuster nützliche Schuhe." Er sieht sich selbst als „Dichter, der trotzdem ein netter Mensch ist." Einer, der inzwischen in Salzburg mit Frau und Kind in einer fast hermetisch abgeschlossenen Welt lebt. Nur selten lässt er jemanden hier eindringen. Meist nur wesentlich jüngere Freunde. Wie Peter Rosei oder Gert Jonke.

Artmann und Jonke sind an diesem gewittrigen Vormittag im Mai von einer gemeinsamen Lesung aus München zurückgekommen. Jetzt, am frühen Abend, sitzen wir in der Küche. Durch das kleine Fenster sieht man grau-gelbliche Föhnwolken heranziehen, „der Feind, der Föhn", kriecht vom Untersberg her oft und gerne über die Felswände runter. Kopfschmerzen und die Kriegsverletzung werden spürbar. Und das lästige *Hexenschusserl* plagt H. C. wieder einmal.

Tochter Emily Griseldis isst Bratwürstel mit Sauerkraut. Rosa schenkt Bier nach. Und Gert Jonke schweigt. H. C. im dezentkarierten „Harris"-Tweed-Sportsakko, mit Krawatte und harmonisch abgestimmtem Stecktuch. Seine Füße ruhen in eleganten schwarzen „Budapester"-Schuhen mit braunen Einlegearbeiten. Er raucht weiterhin unverdrossen eine „Melody" nach der anderen, „... was hab' ich denn sonst noch vom Leben."

Wir gehen an diesem Maiabend vor 30 Jahren hinauf in sein Arbeits-Schlafzimmer. Er lässt sich langsam in den halbrunden Holz-Büro-Fauteuil gleiten und erzählt mir, dass er gerade ein Theaterstück übersetze. Jeden Tag mehrere Stunden lang. An allen Wänden Bücher, am Schreibtisch die Reiseschreibmaschine

„Olympia Traveller de Luxe S“ aus dem Jahr 1975, ein „Spanisch-Langenscheidt“ und der „kleine Stowasser“. Am Tisch im Eck ein Wecker, Nippesfiguren, ein bunter Mini-Gartenzwerg. An der Wand über dem Bett erkenne ich eine Herzmanovsky-Orlando-Zeichnung und ein Plakat mit „authentischen Roulett-Permanenzen der Spielbank Graz“.

H. C. wirkt gelassen und zufrieden. Ein Rebell im Ruhestand. Es störe ihn nicht, bald 70 Jahre alt zu werden. Er genieße es, dass hier im Salzburger Stadtteil mit dem idyllischen Namen „Himmelreich“, nur wenige Kilometer von der bayerisch-österreichischen Staatsgrenze entfernt, die Hasen und Rehe bis an sein Haus kommen. Manchmal denke er schon an den Tod, man frage sich: „No, Opa, wie lang' hamm no?“, da steige so eine *barocke Schwermut* in ihm auf. Die habe er aber immer schon gehabt. „Auch als ganz Junger …“

Rosa ruft von unten „H. C., hast kan Hunger?“ Die melancholischen Gedanken über das Alter sind rasch verflogen: „Gemma zum Chinesen an die Salzach!“ In eines dieser Lokale mit Namen wie „Hongkong-Pavillon“ oder „Szechuan-Palast“ mit den unvermeidlichen Drachen- und Schlangenmotiven an der Wand und den kichernden, leicht verlegenen chinesischen Serviererinnen, erzählt er mir bei „Eierblumensuppe mit Hühnerfleisch“ (F 4) und „Ameisen auf dem Baum“ (K 19) von den kleinen Abenteuern in Salzburg.

Wie die Geschichte mit dem „Zwergerl“, als er zu 180 Tagsätzen à 195 Schilling wegen „versuchten Widerstandes gegen die Staatsgewalt und des Vergehens der Beleidigung“ verurteilt wurde. Eigentlich wegen einer Blödelei. Mit einem Freund, dem Maler Anton Drioli, wurde er Zeuge einer nächtlichen Amtshandlung: Der 1,16 Meter kleinwüchsige Burgschauspieler Fritz Hakl, auch aus der Verfilmung des Günter Grass-Romans „Die Blechtrommel“ bekannt, fährt mit einem Moped durch das allerletzte Stück der Getreidegasse. „Bleib sofort steh'n, du Liliputaner!", brüllt ihm ein Polizist nach. Hakl wird aufgehalten und festgenommen.

Artmann und Drioli, unterwegs von einer Vernissage am Rathausplatz, mischen sich ein, ihr soziales Gewissen rebelliert: „Lasst's doch des Zwergerl weiterfahren, ihr Idioten, ihr Hampelmänner ..." Es kommt zu Handgreiflichkeiten. H. C. Artmann widersetzt sich der „angelegten Armwinkelsperre" eines Beamten. Ein Polizist soll Verletzungen davongetragen haben. Liest man zumindest im Protokoll.

Nach einer Nacht im Arrest berichten die Tageszeitungen groß über die Eskapaden des Dichters in der Getreidegasse, während Verehrer dem *Poeta laureatus* nach seiner Freilassung einen Lorbeerkranz aufsetzen und ihn im Triumphzug auf den Schultern durch die Salzburger Innenstadt tragen.

Die spätere Verhandlung muss wegen fehlender Zeugen vertagt werden, obwohl Polizeidirektor Hans Biringer das Formular zur Klagebewilligung gleich blanko unterschrieben hat. Ohne Datum und die Namen der Beschuldigten. Möglicherwesie hat er die Selbstdarstellung Artmanns gelesen: „Ich hab' in meinem Leben ebenso viele Polizeistrafen erhalten wie Kollegen Literaturpreise ..."

Dennoch, Salzburg ist stolz auf *seinen Dichter.* Zu jedem runden Geburtstag setzt es eine Ehrung. Auch im Jahr der Verurteilung wegen Widerstandes gegen die „Armwinkelsperre" erhält er zum Sechziger den Ring der Stadt Salzburg. Der Geehrte bedankt sich: „Salzburg ist wie eine Frau, mit der man zusammenlebt, mit der man Streit hat, von der man weg möchte und trotzdem bleibt. Manchmal bekommt man dann einen Kuss von dieser Frau ..."

Zum 65. Geburtstag wird H. C. Artmann mit dem Goldenen Ehrenzeichen ausgezeichnet. Allerdings passiert eine kleine Panne: Der Antrag landet irrtümlich in der Finanzverwaltung, eine Sondersitzung des Gemeinderates ist nötig, damit die Auszeichnung doch rechtzeitig vorgenommen werden kann.

Und als Dr. H. C. H. C. Artmann aus Anlass seines 75. Geburtstages den „Ehrenbecher des Landes“ verliehen bekommt, rezitiert der zuständige Landesrat aus Artmanns Gedichtband „achtundachtzig“: „herrgott bin ich froh ich habe geburtstag der tag hat mich wie ein aufruhr geweckt hört ihr die dampfer tuten die kapitäne tragen sonnen rosetten und lackschuhe bringt einen Sessel für die freiheit her ...“

DER WIND, DER WIND, DAS HIMMLISCHE KIND

Der Büchner-Preis für den „Staatskünstler und Sozialschmarotzer"

Auch in Wien wird der 75. Geburtstag gebührend gefeiert. Eines Autors, der immer Lust an der Überraschung empfindet, eines Dichters, dessen Ideen manchmal aus dem Zufall geboren sind, eines ewigen Romantikers, der Theorie hasst, eines barocken Menschen, der das Leben liebt.

Die „Schule der Dichtung" organisiert im „Etablissement Ronacher" ein stimmungsvolles Fest. 75 Künstler gestalten den Abend als *fröhliches open end-Chaos.* Mit 75 Uraufführungen, die von den Dichtern und Komponisten live auf der Bühne präsentiert werden. Als Hommage und Geschenk an den Freund und Weggefährten. Die ausgelassene Feier wird auch zu einer Solidaritätskundgebung.

Ein knappes Jahr zuvor, 1995, als FPÖ-Obmann Jörg Haider beim Kärntner „Ulrichsbergtreffen" vor Veteranen der Waffen-SS von „anständigen Menschen" spricht, „die einen Charakter haben, die auch bei größtem Gegenwind zu ihrer Überzeugung stehen und ihrer Überzeugung bis heute treu geblieben sind", steht der Wahlkampf für die nächste Nationalratswahl bevor. Haider braucht Munition für griffige Argumente in den Bierzelten. Der Schriftsteller H. C. Artmann wird, ohne irgendeinen aktuellen Anlass, attackiert. In einer „Rede an die Nation" kritisiert Haider, dass die „Steuerzahler Schriftstellern und Staatskünstlern, die zu Steuerschuldnern werden, aus der Bredouille helfen, weil sie – wie Artmann – alles beim Branntweiner gelassen haben."

Und der Politiker fordert den Literaten auf, eine acht Jahre zurückliegende Zuwendung des Bundes, einen Steuernachlass, den er erhielt, weil er zu diesem Zeitpunkt krank war und keine Lesungen abhalten konnte, umgehend zurückzuzahlen. Es folgen unter dem Jubel der freiheitlichen Fans weitere Angriffe auf die „privilegierte Kaste der Künstler". Der spätere Justizminister Michael Krüger, der nur 25 Tagen nach seiner Angelobung zurücktrat, legt während einer Debatte im Nationalrat nach: „Ein Dichter könnte ja auf die Idee kommen, gar keine Steuern mehr zu bezahlen und bei einer Mahnung durch das Finanzamt ganz einfach einen Brief an den Minister schreiben ..."

Die Hetzkampagne gegen Artmann wird von den Kultursprechern aller anderen Parteien zurückgewiesen. Und auch Jörg Haider ändert bald radikal seine Meinung. Plötzlich sieht er H. C. Artmann als einen „Mann, der Weltformat hat, der über die Grenzen des Landes bekannt, geachtet und geschätzt ist." Und Haider, der sich rühmt, nie eine Zeile von Artmann gelesen zu haben, fordert auch gleich eine Professur für den Literaten. Der Wahlkampf war ja seit mehr als zehn Wochen vorbei.

Ein Jahr nach den Attacken gegen H. C. Artmann durch jene Partei, die es später bis zu einer Regierungsbeteiligung bringt, erhält er den mit 420.000 Schilling dotierten „Georg-Büchner-Preis 1997" – die wohl wichtigste Auszeichnung der deutschsprachigen Literatur. Nach Preisträgern wie George Tabori und Botho Strauß, Erich Fried und Friedrich Dürrenmatt, Manès Sperber und Elias Canetti, Böll, Bachmann und Bernhard.

Der Anruf erreicht Artmann beim Abendessen. „Wir haben eine freudige Mitteilung für Sie ... da hab' ich schon g'wusst, es kann sich nur um einen Preis handeln ..." Die Begründung der Jury wird auch gleich telefonisch mitgeteilt: „H. C. Artmann hat als Erster nach dem Zweiten Weltkrieg an die poetischen Möglichkeiten angeknüpft." Der Preisträger erholt sich gerade im Waldviertel – wo er als Bub mit dem Großvater durch den Wald gezogen ist und sie sich nach „denselben sternen und nachtbildern richteten" – von einer längeren Krankheit. Er wiegt kaum mehr als 50 Kilo, die Angriffe, die Turbulenzen der letzten Zeit haben ihn auch psychisch geschwächt.

„Vor 20, 30 Jahren hätten sie mir den Preis geben sollen, da hätt' ich noch was gehabt davon", versucht er die Freude über die Auszeichnung zu überspielen. Bei der Preisverleihung in Darmstadt spricht er über seine dichterischen Intentionen. Er bezeichnet sein Schreiben als „Kritik am Realen", die sich darin manifestiere, „über die Phantasie das Reale, wie es sich mir zeigt, zu bannen."

Und der „sprachkundige Stilwandler, der das Makabre artistisch verschönt und das Grauen in possierlichen Persiflagen bietet", erzählt in einem Interview mit dem Nachrichtenmagazin „Der Spiegel": „Ich gehe auf alte Sprachen zurück. Alles ist schon dagewesen. Das schönste Gedicht ist für mich ‚Der Wind, der Wind, das himmlische Kind'. Das ist der Zauberspruch, das Magische, das Märchen. Das ist mir vertraut, weil ich vom Lande komme. Da ist alles überliefert. Vor 1945 habe ich nichts geschrieben. Und nur Schundromane gelesen."

H. C. Artmann ist sicher der einzige Büchner-Preisträger, der neben Villon-Balladen auch „Asterix" ins Wienerische übersetzt. In der Bretagne hat er zum ersten Mal die Alben mit den „Asterix"-Abenteuern in französischer Originalfassung gelesen. Jahrzehnte später übersetzt er den Band 10 „Asterix als Legionär".

Beim wienerischen „Legionäa Asterix" klingen dann Sätze, die zuvor in Kassel oder Karlsruhe aus dem Französischen übersetzt wurden wie „Ave, Neulinge! Na, wollt ihr wohl auch mal Krieg spielen? Wenn ihr ein Schälchen Wein für mich hättet, könnte ich euch ein paar Ratschläge geben" melodiöser, weicher, wienerisch: „Na, es frischgflachtn! woeds a amoe soedotn schbüün? Waun ma an a fiatal wei schbendiat, farod i eam wie ma si wärend da schlocht am bestn drukt!"

AUSKLANG

„Die Zukunft war noch nie ein Baiser mit Schlag"

Die Artmann-„Asterix"-Anekdoten sind auch Höhepunkt einer Matinee im Theater in der Josefstadt im Jänner des letzten Lebensjahres des Literaten. In einem „Salut für H. C.", der letzten öffentlichen Verbeugung vor dem großen Schriftsteller, feiern ihn Schauspieler wie Otto Schenk und Helmut Lohner. Sein Freund Peter Turrini mit einer Lesung aus „How much, schatzi?" Das Publikum bedankt sich mit stehenden Ovationen, die fast eine Viertelstunde dauern.

Schon zu Beginn der Festvorstellung liest Rosa Artmann das frühe, aus Barockbausteinen entwickelte Gedicht gegen den Tod: „o tod du dunker meister / zerbeiß uns nicht wie glas." Am Ende der H. C.-Hommage kommt er selbst – kurzatmig und langsam – aus der Ehrenloge auf die Bühne. Das Gesicht ist blass, der Gang aufrecht. Beim kaum hörbaren „Danke ..." spürt man, dass sich sein Leben dem Ende zuneigt. Und manch einer denkt vielleicht an seinen Satz „die zukunft war noch nie ein baiser mit schlag".

Die letzten Monate verbringt H. C. Artmann fast nur mehr zu Hause, in seiner Wohnung in der Josefstädter Schönborngasse. Wenige Wochen vor seinem Ableben darf ich ihn das letzte Mal besucht. Wir trinken Tee. Er wirkt, als wüsste er Bescheid. Er ist erschöpft. Er nimmt langsam Abschied. Er wirkt, als hätte er die Angst vor dem Tod überwunden. Voller Würde akzeptiert er das nahende Ende.

In „Nachrichten aus Nord und Süd" schreibt er: „ich habe ein ganzes leben lang frierend und hungernd geübt wie ein schamane in seiner sibirischen waldheimat jawoll bei nullgraden und ein zwei harten pfirsichen pro tag und die nächte waren mir ausgefüllt vom schein kümmerlicher petroleumlampen und einer lektüre die kein mensch auf dieser erde mit mir teilte wem hätte ich mich da seelisch anvertrauen sollen wem meine ängste schildern wem meine euphorie vor den brustlatz knallen oui messjödam ich habe eine jugend und ein mannesalter hindurch geschuftet ... meine heimat ist das bett."

H. C. Artmann freut sich, bis zum Schluss trotz starker Schmerzen alleine gehen zu können: „Wenn ich noch einen Rollstuhl brauchen sollte, dann lass ich mich als Gentleman von einer g'stellten Person, einer Nurse, herumchauffieren. Sie muss immer tadellos gedressed sein, in weißem G'wand mit einem Rot-Kreuz-Hauberl ...", feixt er bei unserem letzten Zusammentreffen.

Am Montag, dem 4. Dezember 2000 stirbt Hans Carl Artmann. Die Trauerfeierlichkeit findet in der Feuerhalle in Wien-Simmering statt. Bei einer letzten Feier kommen noch einmal Freunde und Weggefährten mit ihm zusammen. Er beginnt seine letzte Reise.

Sein *compañero* Peter Rosei hält eine schöne Rede: „Für ihn war alles in den Worten, in der Sprache aufgehoben und dort auch besiegelt. Wenn ich an ihn denke, sehe ich ihn irgendein Wort aussprechen, und er fragt sich, den Kopf ein wenig schief gelegt, was es bedeutet. Dem Traum folgen und immer dem Traum, für ihn hat dieses schöne Wort gegolten. Und dieser Traum war, wie mir scheint, ein doppelter: zutiefst sein eigener und zugleich ein kollektiver, den alle Menschen träumen."

Und Friederike Mayröcker schreibt: „... er hat wasserblaue augen immer noch, kann schön fabulieren, sitzt vor seiner lesung in der hotelhalle, schlürft kamillentee, wird von ehrfürchtigen jüngern umringt, fährt moped (meist überland), will den knochenschmerz nicht wahrnehmen. ist der jüngste von uns allen geblieben, die wir damals in den fernen fünfzigerjahren begonnen hatten, die neue poesie für uns und die welt wiederzuentdecken. ohne ende seine stolze feuerkunst möge verzaubern."

WERKVERZEICHNIS

BÜCHER

„med ana schwoazzn dintn. gedichta r aus bradnsee." Salzburg: Otto Müller, 1958

„hosn rosn baa." Wien: Frick, 1959: mit Single-Schallplatten (Zusammen mit Friedrich Achleitner/Gerhard Rühm)

„Von denen Husaren und anderen Seil-Tänzern." München: Piper, 1959. Neuausgabe, Frankfurt am Main: Suhrkamp, 1971. Bibliothek Suhrkamp 269

„die fahrt zur insel nantucket" Theater. Wien: edition 62, 1962. Nr. 1. Neuausgabe mit einem Vorwort von Peter O. Chotjewitz, Neuwied/Berlin: Luchterhand, 1969

„kleine percussionslehre" Wien: edition 62, 1962. Nr. 2

„Artmann Brief." Mappe mit einer farbigen Lithografie von Thomas Bayrle. Bad Homburg: Gulliver-Presse, 1964. Neuausgabe, München: Renner, 1991

„Montagen 1956. Nach dem vollständigen Lehrbuch der Böhmischen Sprache des Heinrich Terebelsky." Bleiburg: Kulterer, 1964

„das suchen nach dem gestrigen tag oder schnee auf einem heißen brotwecken. eintragungen eines bizarren liebhabers" Olten/Freiburg im Breisgau: Walter, 1964. Walter Druck 1. Neuausgabe, Neuwied/Berlin: Luchterhand, 1971. Sammlung Luchterhand 15. Taschenbuchausgabe, München: Goldmann, 1978. Goldmann Taschenbücher 7013

„Dracula Dracula. ein transsylvanisches Abenteuer." Mit 14 Radierungen von Uwe Brenner. Berlin: Rainer, 1966. Faksimileausgabe, Berlin: Rainer/Meilen. Zürich: Magica, 1969. Neuausgabe mit Beiträgen von Dieter Sturm/Klaus Völker, Wien: Edition S, 1988; mit Tonkassette

„persische qvatrainen. ein kleiner divan." Stuttgart: collispress, 1966

„verbarium." Gedichte. Mit einem Nachwort von Peter Bichsel. Olten/ Freiburg im Breisgau: Walter, 1966

„tök ph'rong süleng." München: Hartmann 1967

„allerleirausch. neue schöne kinderreime." Berlin: Rainer, 1967. Neuauflage 1968. Neuausgabe, Erlangen: Renner, 1978. Neuausgabe, München: Piper, 1997. Neuausgabe, Bozen: Ed. Sturzflüge, 1999. Neuausgabe mit Radierungen von Uwe Bremer, Bayreuth: The Bear Press, 2013

„Grünverschlossene Botschaft. 90 Träume." Gezeichnet von Ernst Fuchs. Salzburg: Residenz, 1967. Neuauflage 1970. Taschenbuchausgabe, Frankfurt am Main: Suhrkamp, 1972. suhrkamp taschenbuch 82. Neuausgabe, Salzburg/Wien: Residenz, 1989

„Fleiß und Industrie. Ein Buch der Stände." 30 Prosastücke. Frankfurt am Main: Suhrkamp, 1967

„shâl-i-mâr. persische qvatrainen zweiter teil." Stuttgard: Eckhardt, 1967. Neuausgabe, „sämtliche persische qvatrainen." Stuttgart: collispress, 1978. Collisbibliothek 2

„auf den leib geschrieben." Hamburg: Merlin, 1968. Merlin-Leporello 3

„der handkolorierte menschenfresser. Illustrationen von Patrick Artmann." Stuttgart: collispress, 1968. Neuauflage, Berlin: Volk und Welt, 1984

„Mein Erbteil von Vater und Mutter." Überlieferungen und Mythen aus Lappland. Mit Original-Linolschnitten von Ali Schindehütte. Hamburg: Merlin, 1969

„Überall wo Hamlet hinkam." Stuttgart: Collispress, 1969

„Die Anfangsbuchstaben der Flagge. Geschichten für Kajüten, Kamine und Kinositze." Salzburg: Residenz, 1969. Taschenbuchausgabe, München: Deutscher Taschenbuch Verlag, 1970. dtv

Sonderreihe 85. Neuausgabe, Wien: Buchgemeinschaft Donauland, 1971

„Frankenstein in Sussex./Fleiß und Industrie." Frankfurt am Main: Suhrkamp, 1969. Edition suhrkamp 320. Neuausgabe, „Frankenstein in Sussex." Mit Illustration von Hans Arnold. München/Wien: Lentz, 1969. Neuausgabe, Wien: edition .ps., 2009. Frankfurt am Main: Suhrkamp, 1988. Bibliothek Suhrkamp 691

„kleinere taschenkunststücke. fast eine chinoiserie." Wien: Universal Edition, 1969. Neuausgabe, Wollerau/Wien/München: Lentz, 1973. Edition Lentz 1

„ein lilienweißer brief aus lincolnshire." Gedichte aus 21 Jahren. Hrsg. und mit einem Nachwort von Gerald Bisinger. Frankfurt am Main: Suhrkamp, 1969. Taschenbuchausgabe Frankfurt am Main: Suhrkamp, 1978. suhrkamp taschenbuch 498.

„Das im Walde verlorene Totem." Prosadichtungen 1949–1953. Salzburg: Residenz, 1970. Neuauflage, Taschenbuchausgabe, München: Deutscher Taschenbuch Verlag, 1972

„The Best of H. C. Artmann." Hrsg. von Klaus Reichert. Frankfurt am Main: Suhrkamp, 1970. Taschenbuchausgabe, Frankfurt am Main: Suhrkamp, 1975. suhrkamp taschenbuch 275. Neuausgabe, Frankfurt am Main/Wien/Zürich: Büchergilde Gutenberg, 1972

„Walter Schmögners Böse Bilder. Brave Worte. von H. C. Artmann." Wien/München: Jugend und Volk, 1970. Neuauflage, 1972

„Yeti oder John, ich reise." llustrationen von Karlheinz Pilcz. München: Willing, 1970 (zusammen mit Rainer Pichler/Hannes Schneider). Neuauflage, Wien: VIDO, 1991

„Detective Magazine der 13." Hrsg. von H. C. Artmann Esq. Salzburg: Residenz, 1971. Taschenbuchausgabe, München: Deutscher Taschenbuch Verlag, 1974

„How much, schatzi?“ Frankfurt am Main: Suhrkamp, 1971. Taschenbuchausgabe, Frankfurt am Main: Suhrkamp, 1973. suhrkamp taschenbuch 136. Neuausgabe, Frankfurt am Main: Suhrkamp, 2000

„meine maorifrau.“ Euernbach: Knorpp, 1971

„Der aeronautische Sindtbart oder Seltsame Luftreise von Niedercalifornien nach Crain. Ein Fragment, von dem autor selbst aus dem yucatekischen anno 1958 ins teutsche gebracht, sowie edirt & annotiert durch Klaus Reichert.“ Salzburg: Residenz, 1972. Taschenbuchausgabe, München: Deutscher Taschenbuch Verlag, 1975

„Von der Wiener Seite.“ Berlin: LCB-Editionen, 1972

„Ompül.“ Gemalt von Sita Jucker. Zürich/München: Artemis, 1974

„Unter der Bedeckung eines Hutes.“ Montagen und Sequenzen. Salzburg: Residenz, 1974. Taschenbuchausgabe, Frankfurt am Main: Suhrkamp, 1976. suhrkamp taschenbuch 337. Neuausgabe, Wien: Österreichisches Museum für Volkskunde, 1984

„König Gorms Weiber. Ein Märchen.“ Euernbach: Knorpp, 1974

„Aus meiner Botanisiertrommel. Balladen und Naturgedichte.“ Salzburg: Residenz, 1975. Taschenbuchausgabe, München: Deutscher Taschenbuch Verlag, 1978. dtv 1369. Neuausgabe Salzburg/Wien Residenz, 1984 Neuausgabe, Wien: Edition S, 1987 (mit Tonkassette)

„Christopher und Peregrin und was weiter geschah. Ein Bären-Roman in drei Kapiteln.“ Bilder von George Martin, Frankfurt am Main: Insel, 1975. Taschenbuchausgabe, 1980. Insel taschenbuch 488 (zusammen mit Barbara Wehr). Neuausgabe, Ottensheim/Donau: Ed. Thanhäuser, 1994. Neuausgabe, Frankfurt am Main: Insel, 1996. Insel-Taschenbuch 1796

„Gedichte über die Liebe und die Lasterhaftigkeit.“ Ausgew. von Elisabeth Borchers. Frankfurt am Main: Suhrkamp, 1975 Bibliothek Suhrkamp 473. Taschenbuchausgabe 1984. suhrkamp taschenbuch 1033

„Rixdorfer Laboratorium zur Erstellung von literarischen & bildnerischen Simultan-Kunststücken." (1.) in der Fachwerkstatt Rixdorfer Drucke auf Schloss Gümse vom 8. bis 18. Juni 1975. Vorwort von Andreas J. Meyer. Illustrationen von Uwe Bremer (u. a.). Hamburg: Merlin, 1975 (zusammen mit Nicolas Born/Kai Hermann)

„Die Heimholung des Hammers." Wien: Hilger, 1977 (zusammen mit Uwe Bremer)

„Die Jagd nach Dr. U. oder Ein einsamer Spiegel, in dem sich der Tag reflektiert." Salzburg: Resdenz, 1977. Taschenbuchausgabe, München: Deutscher Taschenbuch Verlag, 1981

„Nachrichten aus Nord und Süd." Salzburg: Residenz, 1978. Taschenbuchausgabe, München: Deutscher Taschenbuch Verlag, 1981

„Zum Glück gibt's Österreich." Essay von H. C. Artmann. Cartoons von Bugatti. Salzburg: Edition Reinartz, 1978

„Grammatik der Rosen." Gesammelte Prosa in 3 Bänden. Hrsg. von Klaus Reichert. Salzburg/Wien: Residenz, 1979

„Die Wanderer." Erlangen/München: Renner, 1979

„Kein Pfeffer für Czermak. Ein Votivsäulchen für das goldene Wiener Gemüt." Wien/München: Sessler, 1980

„Die Sonne war ein grünes Ei. Von der Erschaffung der Welt und ihren Dingen." Salzburg/Wien: Residenz, 1982. Neuausgabe, 1985. Taschenbuchausgabe, Frankfurt a. M./Berlin: Ullstein, 1986

„Im Schatten der Burenwurst. Skizzen aus Wien." Mit 15 Zeichnungen von Ironimus Salzburg/Wien: Residenz, 1983. Neuauflage, 2003 Taschenbuchausgabe, München: Deutscher Taschenbuch Verlag, 1986. dtv 10586. Neuausgabe, Innsbruck: Haymon-Taschenbuch, 2009

„das prahlen des urwaldes im dschungel." Berlin: Rainer, 1983

„Artmann, H. C., Dichter. Ein Album mit alten Bildern und neuen Texten." Hrsg. von Jochen Jung. Salzburg/Wien: Residenz. 1986

„nachtwindsucher." Einundsechzig österreichische Haiku. Berlin, 1984. Neuauflage, 1986. Neuausgabe, Landeck: Eye, 1996

„Der handcolorierte Menschenfresser." Ausgewählte Prosa. Hrsg von Rainer Fischer Berlin: Volk und Welt, 1985

„wer dichten kann ist dichtersmann." Eine Auswahl aus dem Werk. Hrsg. von Christina Weiss und Karl Riha. Stuttgart: Reclam 1986

„gedichte von der wollust des dichtens in worte gefaßt." Frankfurt am Main: Suhrkamp, 1988. Neuausgabe, Salzburg/Wien: Residenz, 1989

„Vier Scharniere mit Zunge. Renshi-Kettendichtung." München: Renner, 1988 (zusammen mit Makoto Ooka/Oskar Pastio/Shuntaro Tanikawa)

„Wenn du in den Prater kommst." Gedichte. Hrsg. von Richard Peitraß, Berlin: Volk und Welt. 1988

„Von einem Husaren, der seine guldine Uhr in einem Teich oder Weiher verloren, sie aber nachhero nicht wiedergefunden hat." Mit 14 Original- Holzschnitten von Christian Thanhäuser. Ottensheim: Edition Thanhäuser, 1989. Neuausgabe, Salzburg: Otto Müller, 1990

„Erotika." Zeichnungen und Texte Casanova. Übersetzt von Giancarlo Mariani. Bozen: Edition Roetia, 1991 (zusammen mit Markus Vallazza). Neuauflage, 2016

„Wiener Vorstadtballade. Ein Spaziergang rund um den Galizinberg." Mit Fotografien von Franz Hubmann. Salzburg: Otto Müller, 1991

„st achatz am walde. ein holzrausch." Berlin: Atelier-Handpresse, Ottensheim: Thanhäuser, 1991

„Die Zerstörung einer Schneiderpuppe. Poetisches Theater." München: Renner, 1992

„Gesänge der Hämmer." Bayreuth: Bear Press Benda, 1992. Neuausgabe, Salzburg/Wien: Müller, 1996

„Das poetische Werk. Zimt & Zauber." Berlin: Rainer, München/Salzburg: Renner, 1994

„Der Wiener Keller. Anthologie österreichischer Dichtung." Klagenfurt/Salzburg: Wieser, 1994

„Register der Sommermonde und Wintersonnen." Salzburg/Wien: Residenz, 1994

„Der Knabe mit dem Brokat", (zusammen mit Gerhard Lampersberg und Johannes Vennekamp), München: Renner, 1995

„Ein Engel hilft mir frühaufstehen. Arbeiten über das Theater." München: Renner, 1995

„Lyrik als Aufgabe. Arbeiten mit meinen Studenten." Wien: Passagen Verlag, 1995

„Nebel und Petunien." Ottensheim: Ed. Thanhäuser, 1995

„Was sich ferner abspielt. Gesammelte Geschichten." Salzburg/Wien: Residenz, 1995

„Achtundachtzig. Ausgewählte Gedichte." Salzburg/Wien: Residenz, 1996

„Goethe trifft Lilo Pulver und wandert mit ihr durch den Spessart zum Schloß Mespelbrunn." München/Salzburg: Renner, 1997

„átlépni a látóhatárt. Den Horizont überschreiten." Ottensheim: Ed. Thanhäuser, 1997

„Gesammelte Prosa." 1–4, Salzburg/Wien: Residenz, 1997. Neuausgabe, Salzburg/Wien: Residenz, 2015

„Eine Lektion in Poesie wird vorbereitet." Graz/Wien: Droschl, 1998

„Maus im Haus." Wien: Dachs, 1999. Neuausgabe, Wien: G&G – Nilpferd, 2016

„Der Herr Norrrdwind. ein Opernlibretto." St. Pölten/Wien/Salzburg: Residenz, 2005

„Ich brauch einen Wintermantel. Briefe an Herbert Wochinz." Salzburg/Wien: Jung und Jung, 2005

„H. C. Artmann. 7 Gedichte." Wien: Milena, 2011

„Flieger, grüß mir die Sonne." Wien: Mandelbaum, 2012

„Schreibe mir, meine Seltsame, schnell. Briefe an Didi, 1960–1970." Wien: Mandelbaum, 2015

„Es tanzt ein Mo Ma Monsterchen." Innsbruck: Tyrolia, 2021. Mit Illustrationen von Linda Wolfsgruber

„Übrig blieb ein moosgrüner Apfel." Berlin: Insel, 2021

„Um zu tauschen Vers für Kuss." Wien/Berlin: Mandelbaum, 2021

TEXTE IN SAMMELBÄNDEN

„Bald so, bald so. bald anders." Einleitung zu einer Mappe mit: 7 Zeichnungen von Gralf-Edzard Habben. Texte von Wolf Wondratschek und Lothar Baier. Göttingen, 1965. (In: The Best of H. C. Artmann, Grammatik der Rosen II)

„Verfehltes unterfangen sich einer geografie zu erinnern." In: Atlas. Zusammengestellt von deutschen Autoren. Berlin: Wagenbach, 1965. (In: The Best of H Artmann, Grammatik der Rosen II)

„Maus im Haus." In: Dichter erzählen Kindern. Hrsg. von Gertraud Middelhauve. Köln: Middelhauve, 1966. (In: Grammatik der Rosen II)

„Anerkannte Apokryphen." Textsammlung. In: Der Landgraf zu Camprodon. Festschrift für den Husar am Münster Hieronymus Caspar Laertes Artmann. Hrsg. von Gerald Bisinger/Peter O. Chotjewitz. Hamburg: Ramseger, 1966

„Die Wiener Gruppe.“ Achleitner, Artmann, Bayer, Rühm, Wiener. Texte, Gemeinschaftsarbeiten, Aktionen. Hrsg. von Gerhard Rühm. Reinbek bei Hamburg: Rowohlt, 1967. Rowohlt Paperback 60. Neuausgabe, 1985. Darin: „4 dialektgedichte.“, „ode für drei mal drei mal drei mal.“, „verbaristische Szenen.“, „die fahrt zur insel nantucket.“, „erweiterte poesie.“, „other statistix.“, „kleine percussionslehre.“, „grammatik und chrestomatie der melone.“, „elegische ode an den kaiser krum.“ (Zusammen mit Konrad Bayer), „montagen.“ (Zusammen mit Konrad Bayer/Gerhard Rühm), „magische kavallerie.“, „stern zu stern.“ (Zusammen mit Gerhard Rühm), „das donauweibchen.“ (Ausgabe 1985), „requiem viennense.“

„Die Abenteuer der Robinsonia.“ Ihre Reisen, Fluchten, Gründungen und Eroberungen. In: Außerdem. Deutsche Literatur minus Gruppe 47 gleich wieviel? Hrsg. von Hans Dollinger. München/Bern/Wien: Scherz, 1967. (In: The Best of H. C. Artmann, Grammatik der Rosen II)

„Ich habe Ihnen das Gedicht ‚landschaften8‘ vorgelesen …“ In: Ein Gedicht und sein Autor. Hrsg. von Walter Höllerer. Berlin: Literarisches Colloquium, 1967. Taschenbuchausgabe, München: Deutscher Taschenbuch Verlag, 1969. (In: The Best of H. C. Artmann)

„über den lagunen verändert sich das licht“. Der streitbare Pegasus. Ein Brevier zum 70. Geburtstag von V. O. Stomps, Rabenvater, Schriftsteller, Drucker, Buchbinder, Eulenvater, Weltreisender, Eremit. Hrsg. von Günter Bruno Fuchs. München: Herbig 1967. Kontorbuch Nr. 1

„Aus dem geäst des lokomotivenbaumes.“ In: Monsters Beatles, Edelmann. Ausstellungskatalog zu Bildern von Heinz Edelmann. München: Modern Art Museum, 1968. (Unter dem Titel „Text zu Heinz Edelmann“) (In: The Best of H. C. Artmann, Grammatik der Rosen II)

„Schatten wachse nebenan." In: Der gewöhnliche Schrecken. Hrsg. von Peter Handke. Salzburg: Residenz, 1969. Taschenbuchausgabe, München: Deutscher Taschenbuch Verlag, 1971. phantastica 1859. (In: Grammatik der Rosen II)

„H. C. Artmannsens Märchen." In: The Best of H. C. Artmann. Frankfurt am Main: Suhrkamp, 1970. (In: Grammatik der Rosen I)

„Oi dracule. zwei zeilen." In: K. H. Pilcz Grotesken, Zeichnungen, Radierungen. Mit Beiträgen von H. C. Artmann (u. a.). Baden bei Wien: Weilburg, 1970

„13 Paraphrasen zu 13 Weltdetektiven als Vorwort zu 13 Abenteuern von 13 Weltdetektiven". In: Detective Magazine der 13. Salzburg: Residenz, 1971

„Curriculum Vitae Meae." In: Literatur im Residenz Verlag. Almanach auf das Jahr 1973. Salzburg: Residenz, 1973. (In: Grammatik der Rosen III)

„der beherzte flötespieler" In: Märchen, Sagen, Abenteuergeschichten auf alten Bilderbögen, neu erzählt von Autoren unserer Zeit. Hrsg. von Jochen Jung. München: Heinz Moos, 1974. (In: Grammatik der Rosen III)

„Was ich gerne lese." In: Literatur im Residenz Verlag, Almanach auf das Jahr 1974. Salzburg: Residenz, 1974. (In: Grammatik der Rosen III)

„Ein Hund namens Zottel." In: Das Einhorn sagt zum Zweihorn. Mit Illustrationen von Heinz Edelmann. Köln: Middelhauve, 1974. Taschenbuchausgabe, München: Deutscher Taschenbuch Verlag, 1977. dtv 1275. Repr.-Ausgabe, Berlin: Rixdorfer Verlagsanstalt, 1982. (In: Grammatik der Rosen III)

„Cotta oder Cuimhne oder weiß Gott, wie man noch sagen könnte." In: Literatur im Residenz Verlag. Almanach auf das Jahr 1975. Salzburg: Residenz, 1975. (In: Grammatik der Rosen III)

„Warum heißt das Drachenloch im Untersberg Drachenloch, wenn es keine Drachen gibt?“ In: Das Salzburger Jahr 1974-1975. Salzburg: Residenz, 1975. (In: Grammatik der Rosen III)

„Schifahren oder Die weiße Überheblichkeit“. In: Winterspiele. Neue Skigeschichte von Ilse Aichinger (u. a.). Hrsg. von Peter Weiermair. Salzburg: Residenz 1975. Taschenbuchausgabe, München: Deutscher Taschenbuch Verlag, 1977. dtv 1317. (In: Grammatik der Rosen III)

„Mein Vaterland Österreich.“ In: Glückliches Österreich. Literarische Besichtigung eines Vaterlandes. Hrsg. von Jochen Jung. Salzburg/Wien: Residenz, 1978. Neuausgabe, Reinbek bei Hamburg: Rowohlt, 1980

„Grammatik der Rosen. Gesammelte Prosa in 3 Bänden.“ Hrsg. von Klaus Reichert. Salzburg/Wien: Residenz, 1979. Darin erstveröffentlicht: „reise um die erde in zig tagen.“, „Heiligentage.“, „Kindergeschichte.“ (Fragment)

„einer erstellt die summe seiner beobachtungen ...“ In: Gottfried Helnwein. Mit Beiträgen von H. C. Artmann (u. a.). Wien: Orac, 1981

„Eine Stadt lebt im Caféhaus.“ In: Café Hawelka. Ein Wiener Mythos. Literaten, Künstler und Lebenskünstler im Kaffeehaus. Mit Texten von Friedrich Achleitner (u. a.). Illustrationen von Franz Hubmann. Wien: Brandstätter, 1982

„Erinnerungen an eine Kindheit im Waldviertel.“ In: Franz Hubmann: Verzaubert, verwunschen. Das Waldviertel. Text: H. C. Artmann/Lotte Ingrisch. Wien/München: Brandstätter, 1984

„Über Urs Widmer“ In: U. W.: Das Verschwinden der Chinesen im neuen Jahr. Nachwort von H. C. Artmann. Zürich: Diogenes, 1987

„Kein Pfeffer für Czermak.“ (Ausschnitt). In: Rainer Darin/Günter Seidl: Theater von unten. Von Artmann bis Unger und von der Drachengasse bis zum Tschauner. Wiener Klein- und Mittelbühnen und ihre Autoren. Texte von H. C. Artmann (u. a.). Wien: Verlag der österreichischen Staatsdruckerei, 1988, Edition S

ÜBERSETZUNGEN

„der schlüssel des heiligen patrick." religiöse dichtungen der kelten. Salzburg: Otto Müller, 1959

Francisco Gómez de Quevedo Yvihegas: „Der abenteuerliche Buscon …" Frankfurt am Main: Insel, 1963, Taschenbuchausgabe, 1980. Insel taschenbuch 459

„Edward Lear's Nonsense Verse." Mit fünfzehn Zeichnungen des Autors. Hrsg. von Klaus Reichert. Frankfurt am Main: Insel, 1964. Insel-Bücherei 813. Neuauflage, 1980

Carl von Linné: „Lappländische Reise." Mit Zeichnungen des Autors. Frankfurt am Main: Insel, 1964. Taschenbuchausgabe, 1975. Insel taschenbuch 102 (zusammen mit Helli Clervall). Neuausgabe, Leipzig: Reclam, 1977. Neuausgabe, Berlin: Gemini, 2004

Daisy Ashford: „Junge Gäste oder Mr. Salteenas Plan." Ein Liebes- und Gesellschaftsroman um 1900 geschrieben von D. A. im Alter von 9 Jahren. Illustrationen von Heather Corlass. Olten/Freiburg im Breisgau: Walter, 1965. Neuausgabe, Düsseldorf/Zürich: Artemis und Winkler, 2000

Tage Aurell: „Martina." Frankfurt am Main: Suhrkamp, 1965. Bibliothek Suhrkamp 166

Chanan J. Ayalti: „Je länger ein Blinder lebt, desto mehr sieht er. Jiddische Sprichwörter." Frankfurt am Main: Insel, 1965

„tal." jiddische Sprichwörter. Jiddisch und deutsch. Hrsg. Von Hanan J. Ayalti. Frankfurt am Main: Insel, 1965. Insel-Bücherei 828. Neuauflage, 1980

Daisy und Angela Ashford: „Liebe und Ehe." Drei Geschichten. Mit 16 Illustrationen von Ralph Steadman. Frankfurt am Main: Insel, 1967 Insel-Bücherei 897

Harry Graham: „Herzlose Reime für herzlose Heime." Zeichnungen von H. G. Zürich: Diogenes Verlag, 1968

Howard Phillips Lovecraft: „Cthulhu. Geistergeschichten." Frankfurt am Main: Suhrkamp, 1968. Taschenbuchausgabe, 1972. suhrkamp taschenbuch 29. Neuauflage 1975

Francois Villon: „Baladn." In Wiener Mundart. Frankfurt am Main: Insel, 1968. Insel-Bücherei 883

Calderón de la Barca: „Dame Kobold. Komödie in 3 Akten." Wien: Universal Edition, 1969

Daisy Ashford: „Wo Lieb am tiefsten liegt." Mit 17 Illustrationen von Ralph Steadman. Frankfurt am Main: Insel, 1969. Insel-Bücherei 940

Carlo Goldoni: „Der Lügner" Wien: Universal Edition, 1969

Molièrez: „George Dandin oder Der genasführt Ehemann." Wien: Universal Edition, 1969

Eugène-Marin Labiche: 1970 „Der prix Martin." Wien: Universal Edition, 1969

Eugène-Marin Labiche: „Die Jagd nach dem Raben." Wien: Universal Edition, 1970 (zusammen mit Barbara Wehr)

Lars Gustafsson: „Die nächtliche Huldigung. Schauspiel in drei Akten." Neuwied/Berlin: Luchterhand, 1971

Cyrill Tourneur: „Tragödie der Rächer." Wien: Universal Edition, 1971

Lope de Vega: „Der Kavalier vom Mirakel." Wien: Universal Edition, 1972

Molière: „Arzt wider Willen." Bühnenfassung: Herbert Wochinz. Wien: Universal Edition, 1972

Alfred de Musset: „Die Wette." Bühnenfassung: Herbert Wochinz. Wien: Universal Edition, 1972

Ludvik Holberg: „Henrik und Pernilla." Bühnenfassung: Herbert Wochinz. Wien: Universal Edition Schauspiel, 1972

Tirso de Molina: „Don Gil von den grünen Hosen." Herbert Wochinz. Wien: Universal Edition. 1972

Beaumarchais: „Der tolle Tag." Bühnenfassung: Herbert Wochinz. Wien: Universal Edition, 1973

Eugène-Marin Labiche: „Die Reise des Herrn Perrichon. Lustspiel in vier Akten." Bühnenfassung: Herbert Wochinz. Wien: Universal Edition, 1973

Pierre Carlet Chamblain de Marivaux: „Liebe und Zufall." Bühnenfassung: Herbert Wochinz. Wien: Universal Edition, 1973

Molière: „Die Streiche des Scapin." Bühnenfassung: Herbert Wochinz. Wien: Sessler, 1973

Agustín Moreto und Cavana: „Der unwiderstehliche Don Diego." Bühnenfassung: Herbert Wochinz. Wien: Sessler, 1973

August Strindberg: „Schwanenweiß." Wien/München: Sessler Verlag, 1973

Georges Feydeau: „Die Katze im Sack." Wien/München: Sessler Verlag (o. J.)

Carlo Goldoni: „Das Kaffeehaus." Wien/München: Sessler Verlag (o. J.)

Ludvig Holberg: „Jeppe vom Berge." Wien/München: Sessler Verlag (o. J.)

Ludvig Holberg: „Der großsprecherische Soldat." Wien/München: Sessler Verlag (o. J.)

Lope de Vega: „Der Kavalier aus Flandern." Wier/München: Sessler Verlag (o. J.)

Molière: „Don Juan." Wien/München: Sessler Verlag (o. J.)

Carl Michael Bellmann: „Der Lieb zu gefallen." Eine Auswahl seiner Lieder. Musikalische Bearbeitung von Johannes Heimrath. Illustrationen von Johan Tobias Sergel und anderen. München: Heimeran. 1976. Taschenbuchausgabe, Frankfurt am Main: Fischer, 1980. Fischer Taschenbuch 2961 (zusammen mit Michael Korth)

Ludvig Holberg „Der Konfuse." Wien/München: Sessler Verlag, 1976 (zusammen mit Herbert Wochinz)

Paol Keineg: „Das Fest der roten Mützen." Wien/München: Sessler Verlag, 1976 (zusammen mit Barbara Wehr)

Terence Hanbury White: „Der König auf Camelot." 2 Bände. Übersetzung der Verse. Stuttgart: Klett-Cotta, 1976

Jean Giraudoux: „Die Irre von Chaillot." Ins Wienerische übersetzt und für das Theater in der Josefstadt bearbeitet von H. C. Artmann. Zürich: Europa Verlag, 1977

Molière: „Der Geizige." Wien/München: Sessler Verlag, 1979

Molière: „Der eingebildete Kranke." Wien/München: Sessler Verlag, 1979

Eugène-Marin Labiche: „Der Florentinerhut." Wien/München: Sessler Verlag,1981

Carlo Goldoni: „Der Diener zweier Herren." Wien/München: Sessler Verlag, 1981

Howard Phillips Lovecraft: „Der Schatten aus der Zeit." Geschichten kosmischen Grauens aus dem Cthulhu-Mythos. Frankfurt am Main: Suhrkamp, 1986 (zusammen mit Rudolf Hermstein)

Ruzzante (=Angelo Beolco): „La Moscheta." Wien/München: Sessler Verlag, 1983

Georges Feydeau: „Einer muß der Dumme sein." Wien/München: Sessler Verlag, 1987

Georges Feydeau: „Liebe und Klavier" Wien/München: Sessler Verlag, 1988

Georges Feydeau: „Der Rohdiamant" Wien/München: Sessler Verlag, 1988

Alfred Jarry: „Ubu Roi – König Ubu." München: TR-Verlagsunion, 1990

„Der zerbrochene Krug. Nach Heinrich von Kleist." Salzburg/Wien: Residenz, 1992

François Villon: „Hoat und Zoat. Eine Dokumentation zur gleichnamigen Theaterproduktion von Adi Hirschal & Die brennenden Herzen & Nives Widauer." Wien: Deuticke, 1998

René Goscinny: „Da Legionäa Asterix." Asterix Mundart: Dialektbuch 32. Asterix redt wienerisch. – Köln: Comic Collection Egmont, 1999

PREISE UND AUSZEICHNUNGEN

1974 Großer Österreichischer Staatspreis des Bundesministeriums für Unterricht und Kunst für Literatur

1977 Würdigungspreis der Stadt Wien für Literatur

1978 Preis der Literatur-Initiative der Girozentrale Wien

1981 Ehrenring der Stadt Salzburg

1981 Rauriser Bürgerpreis für Literatur

1981 und 1991 Literaturpreis des Kulturfonds der Landeshauptstadt Salzburg

1983 Literaturpreis der Salzburger Wirtschaft

1984 Goldenes Ehrenzeichen des Landes Salzburg, Österreichisches Ehrenkreuz für Wissenschaft und Kunst

1986 Manuskripte-Preis für das Forum Stadtpark des Landes Steiermark

1986 Übersetzungsprämie des Bundesministeriums für Unterricht und Kunst

1986 Literaturpreis der Stadt Mainz

1987 Kunstpreis bildender Künstler aus Österreich und der BRD für einen hochgeschätzten und bewunderten Kollegen

1989 Literaturpreis des Kulturfonds der Landeshauptstadt Salzburg

1989 Franz-Nabl-Literaturpreis der Landeshauptstadt Salzburg

1991 Ehrenbecher des Landes Salzburg

1991 Österreichisches Ehrenzeichen der Wissenschaft und Kunst

1994 Friedestrom-Preis für Dialektdichtung des Kreises Neuss

1996 Goldenes Ehrenzeichen des Landes Kärnten

1996 Ehrenring der Stadt Wien

1996 Buchprämie des Bundesministeriums für Wissenschaft, Verkehr und Kunst

1997 Georg-Büchner-Preis für Literatur der Deutschen Akademie für Sprache und Dichtung

1997 Ehrenpreis des österreichischen Buchhandels für Toleranz in Denken und Handeln

1999 Literaturpreis des Landes Steiermark

2000 Großes Goldenes Ehrenzeichen für Verdienste um die Republik Österreich

QUELLENVERZEICHNIS

Friedrich Achleitner, H. C. Artmann, Gerhard Rühm, hosn rosn baa, Frick, 1959

Friedrich Achleitner, Gerhard Rühm, Hilde Spiel, Café Hawelka, Edition Brandstätter, 1982

Hellmuth Andics, Ende und Anfang, Zsolnay Verlag, 1975

H. C. Artmann, Der Wiener Keller, Wieser, 1994

H. C. Artmann, med ana schwoazzn dintn, Otto Müller Verlag, 1958

H. C. Artmann, achtundvierzig ausgewaehlte gedichte, Residenz Verlag, 1966

H. C. Artmann, Gesammelte Prosa in 3 Bänden, hrsg. von Klaus Reichert, Residenz Verlag 1979

H. C. Artmann, gedichte von der wollust des dichtens in worte gefaßt, Residenz Verlag 1989

H. C. Artmann, Von der Wiener Seite – Geschichten, Literarisches Colloquium Berlin, 1972

H. C. Artmann, Grünverschlossene Botschaft, Moderner Buch-Club, 1975

H. C. Artmann, Die Anfangsbuchstaben der Flagge – Geschichten, Sonderreihe dtv, 1970

H. C. Artmann, Nachrichten aus Nord und Süd, neue reihe dtv, 1981

H. C. Artmann, Fankenstein in Sussex, Fleiß und Industrie, edition suhrkamp, 1969

H. C. Artmann, Das Suchen nach dem gestrigen Tag: oder Schnee auf einem heißen Brotwecken. Eintragungen eines bizarren Liebhabers, Olten Verlag, 1964

H. C. Artmann, Der aeronautische Sindtbart, Residenz Verlag, 1970

H. C. Artmann, Unter der Bedeckung eines Hutes, Residenz Verlag, 1974

H. C. Artmann, Von denen Husaren, Bibliothek Suhrkamp, 1971

H. C. Artmann, Aus meiner Botanisiertrommel – Balladen und Naturgedichte, dtv, 1978

H. C. Artmann, Das im Walde verlorene Totem, Residenz Verlag, 1970

Christian Ludwig Attersee, Attersee. Frühe Bilder 1964–1974, Galerie Klewan, 1987

Peter Baum, Wegbereiter der Avantgarde, Artefactum, 1987

Konrad Bayer/Ida Szigethy, chère ida, Bibliothek der Provinz, 2018

Konrad Bayer, hans carl artmann und die wiener dichtergruppe, aspekt 1 werkstatt, 1964

Konrad Bayer, die wiener gruppe – Times Literary Supplement, 3/1964

Franz Severin Berger, Christiane Holler, Trümmerfrauen – Alltag zwischen Hamstern und Hoffen, Ueberreuter Verlag, 1994

Max Blaeulich, H. C. Artmann – Gruß nach vorn, parnass, 1991

Erich Brauer, Malerei des phantastischen Realismus, Langen-Müller Verlag, 1984

Otto Breicha, Protokolle 69, Verlag Jugend und Volk, 1969

Otto Breicha, Protokolle 72/1, Verlag Jugend und Volk, 1972

Otto Breicha (Hg.), Die Welt bin ich/Materialien zu Konrad Bayer, Verlag Jugend und Volk, 1983

Günter Brus, Patent Urinoir, Oktober 1968

Elisabeth Büttner und Christian Dewald, Anschluß an Morgen. Geschichte des österreichischen Films von 1945 bis zur Gegenwart, Residenz Verlag, 1997

Felix Czeike, Das große Groner-Wien-Lexikon, Molden Verlag, 1974

Felix Czeike, Historisches Lexikon Wien, Band 1, Kremayr & Scheriau, 1992

Barbara Denscher, Kunst & Kultur in Österreich, Brandstätter Verlag, 2000

Heimito von Doderer, Die Dämonen. Nach der Chronik des Sektionsrates Geyrenhoff. Biederstein Verlag, 1956

Beate Eisen-Schwedler und Sonja Klee, Arnulf Rainer, Swirdoff Verlag, 2001

Rüdiger Engerth, Der Wiener Aktionismus, Protokolle 1, 1970

Maria Fialik, „Strohkoffer"-Gespräche mit H. C. Artmann und die Literatur aus dem Keller, Zsolnay Verlag, 1998

G. Fuchs und R. Wischenbart, Dossier 3 H. C. Artmann, Droschl Verlag, 1992

Dietmar Grieser, Wien – Wahlheimat der Genies, Amalthea Verlag, 1994

Reinhard P. Gruber; H. C. Artmann, PHALLUS PHALLI STEIGERN, Protokolle 1, 1975

Albert Paris Gütersloh, Autor und Werk, R. Piper & Co. Verlag, 1962

Freidrich Heer, Jugend zwischen Hass und Hoffnung, Bechtle, 1971

Michael Horowitz, Begegnung mit Heimito von Doderer, Amalthea Verlag, 1983

Michael Horowitz, Helmut Qualtinger, Orac Verlag, 1987

Michael Horowitz, Lebenslust, Edition Wien, 1994

Lois Jalkotzy, Verdorbene Jugend, Jungbrunnen, 1953

Ernst Jandl, med ana schwoazzn dintn, Streit-Zeit-Schrift, November 1958

Gerhard Jagschitz; Klaus Dieter Mulley, Die „wilden“ fünfziger Jahre, Verlag Niederösterreichisches Pressehaus, 1985

Norbert Leser, Macht und Gewalt, Böhlau, 1985

Ferdinand Käs, Wien im Schicksalsjahr 1945, Europa Verlag, 1965

Volker Kaukoreit und Kristina Pfoser, Die österreichische Literatur seit 1945, Reclam, 2000

Walter Kleindel, Österreich-Daten zur Geschichte und Kultur, Ueberreuter Verlag, 1978

Christine Klusacek und Kurt Stimmer, Penzing vom Wienfluß zum Wienerwald, Mohl, 1993

Josef Kocensky (Hrsg.), Dokumentation zur österreichischen Zeitgeschichte, Verlag Jugend und Volk, 1984

Carmen-Renate Köper, Das neue Theater in der Scala (1948–1956), Löcker Verlag 1995

Wolfgang Kudrnofsky, Vom Dritten Reich zum Dritten Mann, Molden Verlag, 1973

Otto Mauer, Über Kunst und Künstler, Residenz Verlag, 1993

Heinrich May, Breitensee in alter und neuer Zeit, 1933

Joseph McVeigh, Ingeborg Bachmann Wien 1946–1953, Insel Verlag, 2016

Sonja Moser, Das Hawelka: Geschichte & Legende, Pichler Verlag, 2009

Andreas Okopenko, Die schwierigen Anfänge Österreichischer Progressiv-Literatur nach 1945, Protokolle 2, 1975

Theodor Ottawa, Wiener Spaziergänge 1945/46, Humboldt Verlag, 1945

Pfarrgemeinde Breitensee (Hg), Festschrift. 75 Jahre Pfarre Breitensee, Eigenverlag, 1973

Rosa Pock, die hundekette mein eigenes revier, Droschl Verlag, 2000

Donald. A. Prater, Stefan Zweig. Das Leben eines Ungeduldigen, Carl Hanser Verlag, 1981

Reinhard Priessnitz, literatur, gesellschaft, etc. aufsätze, edition neue texte, 1970

Gerhard Rühm (Hrsg.), Die Wiener Gruppe, Rowohlt Verlag, 1967

Gerhard Rühm, botschaft an die zukunft. gesammelte sprechtexte. Rowohlt Verlag, 1988

Chris Salvet, Breitensee 1890–1960, Album Verlag, 2002

Helfried Seemann, Penzing, Album Verlag, 2003

Alfred Schmeller, Der Art Club in Österreich, Verlag Jugend und Volk, 1981

Alfred Schmeller, Die Kunst von gestern, Fischer-Verlag, 1986

Kurt Stimmer, Die Arbeiter von Wien, ein sozialdemokratischer Stadtführer, Verlag Jugend und Volk, 1988

Hilde Spiel, Die Dämonie der Gemütlichkeit, List Verlag, 1966

Hilde Spiel, Rückkehr nach Wien – ein Tagebuch, Amalthea, 1996

Stadt Wien (Hg.), Wien dankt seinen Helfern, Verlag für Jugend und Volk, 1945

Alfred Treiber, NUA KA SCHMOEZ NED …, Protokolle, 1969

Hans Veigl, Die 50er- und 60er-Jahre: Geplantes Glück zwischen Motorroller und Minirock, Ueberreuter, 1996

Karl Vocelka, Trümmerjahre Wien 1945–1949, Verlag Jugend und Volk, 1985

Joseph Wechsberg, Wien. Droemer/Knaur Verlag, 1970

Barbara Wehr und H. C. Artmann, Christopher und Peregrin, Insel Taschenbuch, 1980

Peter Weibel (Hrsg.), die wiener gruppe. the vienna group, Springer Verlag, 1997

Hans Weigel, Ad absurdum, Styria Verlag, 1981

Hans Weigel, Nach wie vor Wörter, Styria Verlag, 1985

Josef Weinheber, Wien wörtlich, Otto Müller Verlag, 1948

Franz Ferdinand Wolf, Ein Jahrhundert Österreich, Holzhausen Verlag, 1999

Stefan Zweig, Die Welt von Gestern, Aufbau-Verlag, 1981

PERSONENREGISTER

Michael Horowitz ist Fotograf, Journalist, Schriftsteller und Verleger. Er ist Autor von Biografien, u. a. über Leonard Bernstein, Heimito von Doderer, Karl Kraus sowie Otto Schenk und Helmut Qualtinger. Zahlreiche Auszeichnungen, darunter das Große Ehrenzeichen für Verdienste um die Republik Österreich oder der „Prix de la Jeunesse" bei den Filmfestspielen in Cannes für das „Caracas"-Drehbuch. Zuletzt erschien bei Ueberreuter „Feuerwerk der Pointen», gemeinsam mit Heinz Marecek.